中等职业教育改革创新示范教材

Qiche Weihu Lishi Yitihua Jiaocai
汽车维护理实一体化教材

（第 3 版）

蒋红枫　邢亚林　**主　编**
刘　权　周晓塂　**副主编**
　　　　朱　军　**主　审**

人民交通出版社股份有限公司
北　京

内 容 提 要

本书是教育部评定的"中等职业教育改革创新示范教材",主要内容包括解读汽车维护技术规范、实施汽车二级维护基本作业和实施汽车尾气检测作业。

本书可作为职业院校汽车运用与维修、汽车检测与维修技术及相关专业学生的教材,又可作为汽车服务行业相关人员的培训教材。

图书在版编目(CIP)数据

汽车维护理实一体化教材 / 蒋红枫,邢亚林主编. —3 版. —北京:人民交通出版社股份有限公司,2020.3

中等职业教育改革创新示范教材

ISBN 978-7-114-16269-5

Ⅰ.①汽… Ⅱ.①蒋…②邢… Ⅲ.①汽车—车辆修理—中等专业学校—教材 Ⅳ.① U472.4

中国版本图书馆 CIP 数据核字(2020)第 008304 号

中等职业教育改革创新示范教材
书　　名:汽车维护理实一体化教材(第3版)
著 作 者:蒋红枫　邢亚林
责任编辑:戴慧莉
责任校对:孙国靖　龙　雪
责任印制:刘高彤
出版发行:人民交通出版社股份有限公司
地　　址:(100011)北京市朝阳区安定门外外馆斜街3号
网　　址:http://www.ccpcl.com.cn
销售电话:(010)59757973
总 经 销:人民交通出版社股份有限公司发行部
经　　销:各地新华书店
印　　刷:北京市密东印刷有限公司
开　　本:787×1092　1/16
印　　张:15.5
字　　数:284千
版　　次:2011年8月　第1版
　　　　　2014年7月　第2版
　　　　　2020年1月　第3版
印　　次:2024年5月　第3版　第3次印刷　总计第13次印刷
书　　号:ISBN 978-7-114-16269-5
定　　价:39.00元

(有印刷、装订质量问题的图书由本公司负责调换)

第3版前言

本教材自2011年8月出版以来,受到主管单位、教学单位和读者的好评,2013年被教育部评入"中等职业教育改革创新示范教材"。

本教材以德、技并修为宗旨,以实践为主线,辅以相关理论知识和职业素养,图文并茂,重在培养读者的职业能力和职业精神。通过直观化、职业化的实践,把职业能力和职业精神渗透到每一个环节,体现在每一个步骤中,使读者看得懂、学得会、用得上。

为了更好地发挥改革创新示范教材的作用,作者广泛征求意见,形成了修订提纲。第3版在保留前两版教材特色的基础上,主要做了以下修订:

1. 根据国家最新颁布的标准《汽车维护、检测、诊断技术规范》(GB/T 18344—2016),对项目一的任务1进行了修改。

2. 根据乘用车市场调研,对项目一的任务2及项目二的拓展学习中涉及的部分车型进行了修改。

3. 根据国家环保的新标准《轻型汽车污染物排放限值及测量方法(中国第六阶段)》(GB 18352.6—2016),对项目三的个别术语、定义及排放限值进行了修改。

无锡汽车工程高等职业技术学校蒋红枫和邢亚林任本教材主编,刘权和周晓塨任副主编。蒋红枫编写项目二的任务2、4、16、17和18;邢亚林编写项目一的任务2,项目二的任务3、5、6、7和8;周晓塨编写项目二的任务1、9、10、11和12;顾永军编写项目一的任务1,刘权、胡昊、顾永军编写项目二的任务13、14和15及项目三。全书由蒋红枫统稿,朱军主审。衷心感谢朱军老师对汽车维护编写组的大力支持和帮助。

教育部聘请审阅本教材第一版的专家，提出了许多宝贵意见。使用过本教材的许多老师也对教材提出了修订意见，在此一并表示衷心的感谢！

由于编者水平有限，教材中难免有不妥之处，恳请广大读者批评指正。

编 者

2019年11月

目 录

项目一 解读汽车维护技术规范 1

  任务1 解读国家标准GB/T 18344—2016 2
  任务2 解读常见车型维护工艺 13

项目二 实施汽车二级维护基本作业 20

  任务1 理解6S理念 22
  任务2 操作举升机 29
  任务3 使用量具 37
  任务4 检查车身 48
  任务5 检查油液 60
  任务6 检查蓄电池 72
  任务7 检查火花塞 80
  任务8 检查灯光 90
  任务9 检查喷洗器和刮水器 102
  任务10 检查转向盘和喇叭 110
  任务11 检查制动踏板和驻车制动器 118
  任务12 检查座椅和安全带 128
  任务13 更换机油和机油滤清器 137
  任务14 检查底盘紧固件 154
  任务15 检查底盘状况 169
  任务16 检查车轮 188
  任务17 检查盘式制动器 200
  任务18 检查空调 213

项目三 | 实施汽车尾气检测作业 ·········· 221

任务1 认识汽车尾气排放 ·········· 222
任务2 检测汽车尾气 ·········· 229

参考文献 ·········· 239

项目一

解读汽车维护技术规范

项目描述

为了正确进行汽车维护作业和维护竣工检验工作，必须要了解《汽车维护、检测、诊断技术规范》（GB/T 18344—2016）（以下简称《技术规范》），掌握常见车型的维护工艺。通过对汽车维护技术规范的解读，树立正确维护车辆的观念和意识，采用合理的方法，维护和修理车辆。

学习目标

（1）认识《技术规范》的重要性。
（2）知道《技术规范》的适用范围及其核心内容。
（3）熟悉车辆的检验项目以及每个项目的技术要求。
（4）应用《技术规范》进行汽车二级维护作业。

学习任务

任务1　解读国家标准GB/T 18344—2016
任务2　解读常见车型维护工艺

任务 1 解读国家标准GB/T 18344—2016

学时

4学时

学习目标

(1) 认识《技术规范》的重要性和特点。
(2) 知道《技术规范》中汽车维护的分级和核心内容。
(3) 熟悉日常维护、一级维护和二级维护主要作业项目、作业内容和技术要求。
(4) 熟知汽车二级维护竣工检验检测的部位、各部位的检验项目及其技术要求。

学习内容

一、《技术规范》的重要性和特点

1. 贯彻标准的重要性

汽车维护的指导原则是：预防为主、定期检测、强制维护，即汽车二级维护前，通过检测，准确地判断出故障部位，进行技术评定，有针对性地进行总成修理，这是在检测状态下的维护制度。实施车辆维护制度，对延长车辆的使用寿命、保证车辆安全性、降低排放污染、提高经济效益具有重要作用。

2. 《技术规范》的特点

(1) 以汽油或柴油为燃料的在用汽车，挂车可参照执行。
(2) 核心内容是定期检测、强制维护、视情修理。
(3) 促进了对在用车I/M（检查/维护）制度的实施。
(4) 具有先进性，推动了科技进步。

二、汽车维护技术规范

1. 汽车维护分级和周期

1）汽车维护分级及基本要求

汽车维护分为日常维护、一级维护和二级维护。

（1）汽车日常维护。

①汽车日常维护：以清洁、补给和安全性能检视为中心内容的维护作业。

②基本要求：车容整洁，工作油液充足，密封良好，无泄漏，附件齐全且无松动，制动可靠，转向灵敏，灯光喇叭等工作正常。

（2）汽车一级维护。

①汽车一级维护：除日常维护外，以清洁、润滑、紧固为作业中心内容，并检查有关制动、操纵等安全部件的维护作业。

②基本要求：在汽车日常维护作业基础上，增加以清洁、润滑、紧固为主要内容，并检查制动、操纵等安全部件。

（3）汽车二级维护。

①汽车二级维护：除完成一级维护作业外，以检查、调整制动系、转向操纵系、悬架等安全部件，并拆检轮胎，进行轮胎换位，检查调整发动机工作状况和汽车排放相关系统等为主的维护作业。

②基本要求：汽车二级维护是以消除隐患为目的的性能恢复性作业，尤其是恢复达标的排放性能，恢复安全性能。

2）汽车维护周期及确定

（1）汽车日常维护的周期为：出车前、行车中和收车后。

（2）汽车一、二级维护周期的确定，应以汽车行驶里程间隔为基本依据，对于不便于用行驶里程统计、考核的汽车，可用时间间隔确定一、二级维护周期。

（3）道路运输车辆一级维护、二级维护推荐周期见表1-1。

道路运输车辆一级维护、二级维护推荐周期　　　　　　表1-1

适用车型		维护周期	
		一级维护行驶里程间隔上限值或行驶时间间隔上限值	二级维护行驶里程间隔上限值或行驶时间间隔上限值
客车	小型客车（含乘用车）（车长≤6m）	10000km或30日	40000km或120日
	中型及以上客车（车长>6m）	15000km或30日	50000km或120日
货车	轻型货车（最大设计总质量≤3500kg）	10000km或30日	40000km或120日
	轻型以上货车（最大设计总质量>3500kg）	15000km或30日	50000km或120日
	挂车	15000km或30日	50000km或120日

注：对于以山区、沙漠、炎热、寒冷等特殊运行环境为主的道路运输车辆，可适当缩短维护周期。

② 汽车维护技术规范

1）汽车日常维护

日常维护作业项目及要求见表1-2。

汽车日常维护作业项目及要求　　　　　表1-2

序号	作业项目	作业内容	技术要求	维护周期
1	车辆外观及附属设施	检查、清洁车身	车身外观及客车车厢内部整洁，车窗玻璃齐全、完好	出车前或收车后
		检查后视镜，调整后视镜角度	后视镜完好、无损毁，视野良好	出车前
		检查灭火器、客车安全锤	灭火器配备数量及放置位置符合规定，且在有效期内。客车安全锤配备数量及放置位置符合规定	出车前或收车后
		检查安全带	安全带固定可靠、功能有效	出车前或收车后
		检查风窗玻璃刮水器	刮水器各挡位工作正常	出车前
2	发动机	检查发动机润滑油、冷却液液面高度，视情补给	油（液）面高度符合规定	出车前
3	制动	制动系统自检	自检正常，无制动报警灯闪亮	出车前
		检查制动液液面高度，视情补给	液面高度符合规定	出车前
		检查行车制动，驻车制动	行车制动，驻车制动功能正常	出车前
4	车轮及轮胎	检查轮胎外观、气压	轮胎表面无破裂、凸起、异物刺入及异常磨损，轮胎气压符合规定	出车前、行车中
		检查车轮螺栓、螺母	齐全完好，无松动	
5	照明、信号指示装置及仪表	检查前照灯	前照灯完好、有效，表面清洁，远近光变换正常	出车前
		检查信号指示装置	转向灯、制动灯、示廓灯、危险报警灯、雾灯、喇叭、标志灯及反射器等信号指示装置完好有效，表面清洁	
		检查仪表	工作正常	出车前、行车中

注："符合规定"指符合车辆维修资料等有关技术的规定，以下同。

2）汽车一级维护

一级维护作业内容见表1-3。

汽车一级维护基本作业项目及技术要求　　　　　表1-3

序号	作业项目	作业内容	技术要求
1	发动机	空气滤清器、机油滤清器和燃油滤清器	清洁或更换	按规定的里程或时间清洁或更换滤清器。滤清器应清洁，衬垫无残缺，滤芯无破损。滤清器安装牢固，密封良好
2		发动机润滑油及冷却液	检查油（液）面高度，视情更换	按规定的里程或时间更换润滑油冷却液，油（液）面高度符合规定

续上表

序号	作业项目		作业内容	技术要求
3	转向系统	部件连接	检测、校紧万向节、横直拉杆、球头头销和转向节等部位连接螺栓、螺母	各部件连接可靠
4		转向器润滑及转向助力油	检查油面高度，视情更换	按规定的里程或时间更换转向器润滑油及转向助力油，油面高度符合规定
5	制动系统	制动管路、制动阀及接头	检查制动管路、制动阀及接头，校紧接头	制动管路、制动阀固定可靠，接头紧固，无接头漏气（油）现象
6		缓速器	检查、校紧缓速器连接螺栓、螺母，检查定子与转子间隙，清洁缓速器	缓速器连接紧固，定子与转子间隙符合规定，缓速器外表、定子与转子间清洁，各插接件与接头连接可靠
7		储气筒	检查储气筒	无积水及油污
8		制动液	检查液面高度，视情更换	按规定的里程或时间更换制动液，液面高度符合规定
9	传动系统	各连接部位	检查校紧变速器、传动轴、驱动桥壳、传动轴支撑等部位连接螺栓、螺母	各部位连接可靠，密封良好
10		变速器、主减速器和差速器	清洁通气孔	通气孔通畅
11	车轮	车轮及半轴螺栓、螺母	校紧车轮及半轴的螺栓、螺母	拧紧力矩符合规定
12		轮辋及压条挡圈	检查轮辋及压条挡圈	轮辋及压条挡圈无裂损及变形
13	其他	蓄电池	检查蓄电池	液面高度符合规定，通气孔畅通，电桩、夹头清洁，牢固，免维护蓄电池电量状况指示正常
14		防护装置	检查侧防护装置及后防护装置,校紧螺栓、螺母	完好有效，安装牢固
15		全车润滑	检查、润滑各润滑点	润滑嘴齐全有效，润滑良好。各润滑点防尘罩齐全完好。集中润滑装置工作正常，密封良好
16		整车密封	检查泄漏情况	全车不漏油、不漏液、不漏气

3）汽车二级维护技术规范

（1）工艺流程如图1-1所示。

（2）检测项目。汽车二级维护规定的检测项目见表1-4。

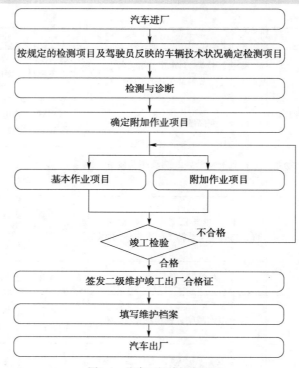

图1-1 汽车二级维护流程图

汽车二级维护规定的进厂检测项目　　　　　　　　　　　　　表1-4

序号	检测项目	检测内容	技术要求
1	故障诊断	车载诊断系统（OBD）的故障信息	装有车载诊断系统（OBD）的车辆，不应有故障信息
2	行车制动性能	检查行车制动性能	采用台架检验或路试检验，应符合GB 7268相关规定
3	排放	排气污染物	汽油车采用双怠速法，应符合GB 18285相关规定。柴油车采用自由加速法，应符合GB 3847相关规定

（3）基本作业内容。

汽车二级维护基本作业项目及技术要求见表1-5。

汽车二级维护基本作业项目及技术要求　　　　　　　　　　　　表1-5

序号		作业项目	作业内容	技术要求
1	发动机	发动机工作状况	检查发动机起动性能和柴油发动机停机装置	起动性能良好，停机装置功能有效
			检查发动机运转情况	低、中、高速运转稳定，无异响
2		发动机排放机外净化装置	检查发动机排放机外净化装置	外观无损坏、安装牢固
3		燃油蒸发控制装置	检查外观，检查装置是否通畅，视情更换	炭罐及管路外观无损坏、密封良好、连接可更靠、装置畅通无堵塞
4		曲轴箱通风装置	检查外观，检查装置是否通畅，视情更换	管路及阀体外观无损坏、密封良好、连接可靠，装置畅通无堵塞

续上表

序号	作业项目		作业内容	技术要求
5	发动机	增压器、中冷器	检查、清洁增压器和中冷器	中冷器散热片清洁,管路无老化,连接可靠,密封良好。增压器运转正常,无异响,无渗漏
6		发电机、起动机	检查、清洁发电机和起动机	发电机和起动机外表清洁,导线接头无松动,运转无异响,工作正常
7		发动机传动带（链）	检查空气压缩机、水泵、发电机、空调机组和正时传动带（链）磨损及老化程度,视情调整传动带（链）松紧度	按规定里程或时间更换传动带（链）。传动带（链）无裂痕和过量磨损,表面无油污,松紧度符合规定
8		冷却装置	检查散热器、水箱及管路密封	散热器、水箱及管路固定可靠,无变形、堵塞、破损及渗漏。箱盖接合表面良好,胶垫不老化
			检查水泵和节温器工作状况	水泵不漏水、无异响,节温器工作正常
9		火花塞、高压线	检查火花塞间隙、积炭和烧蚀情况,按规定里程或时间更换火花塞	无积炭,无严重烧蚀现象电极间隙符合规定
			检查高压线外观及连接情况,按规定里程或时间更换高压线	高压线外观无破损、连接可靠
10		进、排气歧管、消声器、排气管	检查进、排气歧管、消声器、排气管	外观无破损,无裂痕,消声功能良好
11		发动机总成	清洁发动机外部,检查隔热层	无油污、无灰尘,隔热层密封良好
			检查、校紧连接螺栓、螺母	油底壳、发动机支撑、水泵、空压机、涡轮增压器、进排气歧管、消声器、排气管、输油泵和喷油泵等部位连接可靠
12	制动系	储气筒、干燥器	检查、紧固储气筒,检查干燥器功能,按规定里程或时间更换干燥剂	储气筒安装牢固,密封良好。干燥器功能正常,排水阀通畅
13		制动踏板	检查、调整制动踏板自由行程	制动踏板自由行程符合规定
14		驻车制动	检查驻车制动性能,调整操纵机构	功能正常,操纵机构齐全完好、灵活有效
15		防抱死装置	检查连接线路,清洁轮速传感器	制动底板安装牢固、无变形、无裂损。凸轮轴转动灵活,无卡滞和松旷现象
16		鼓式制动器	检查制动间隙调整装置	功能正常
			拆卸制动鼓、轮毂、制动蹄,清洁轴承位、轴承、支承销和制动底板等零件	清洁,无油污,轮毂通气孔畅通
			检查制动底板、制动凸轮轴	制动底板安装牢固、无变形、无裂损。凸轮轴转动灵活,无卡滞和松旷现象
			检查轮毂内外轴承	滚柱保持架无断裂,滚柱无缺损、脱落,轴承内外圈无裂损和烧蚀

续上表

序号	作业项目		作业内容	技术要求
16	制动系	鼓式制动器	检查制动摩擦片、制动蹄及支承销	摩擦片表面无油污、裂损,厚度符合规定。制动蹄无裂纹及明显变形,铆接可靠,铆钉沉入深度符合规定。支承销无过量磨损,与制动蹄轴承孔衬套配合无明显松旷
			检查制动蹄复位弹簧	复位弹簧不得有扭曲、钩环损坏、弹性损失和自由长度改变等现象
			检查轮毂、制动鼓	轮毂无裂损,制动鼓无裂痕、沟槽、油污及明显变形
			装复制动鼓、轮毂、制动蹄,调整轴承松紧度、调整制动间隙	润滑轴承,轴承位涂抹润滑脂后再装轴承。装复制动蹄时,轴承孔均应涂抹润滑脂,开口销或卡簧固定可靠。制动摩擦片与制动鼓摩擦面应清洁,无油污。制动摩擦片与制动鼓配合间隙符合规定。轮毂转动灵活且无轴向间隙。锁紧螺母、半轴螺母及车轮螺母齐全、拧紧力矩符合规定
17		盘式制动器	检查制动摩擦片和制动盘磨损量	制动摩擦片和制动盘磨损量应在标记规定或制造商要求的范围内,其摩擦工作面不得有油污、裂纹、失圆和沟槽等损伤
			检查制动摩擦片与制动盘间的间隙	制动摩擦片与制动盘之间的转动间隙符合规定
			检查密封件	密封件无裂纹或损坏
			检查制动钳	制动钳安装牢固、无油液泄漏。制动钳导向销无裂纹或损坏
18	转向系	转向器和转向传动机构	检查转向器和转向传动机构	转向轻便、灵活,转向无卡滞现象,锁止、限位功能正常
			检查部件技术状况	转向节臂、转向器摇臂及横直拉杆无变形、裂纹和拼焊现象,球销无裂纹、不松旷,转向器无裂纹、无漏油现象
19		转向盘最大自由转动量	检查、调整转向盘最大自由转动量	最高设计车速不小于100km/h的车辆,其转向盘的最大自由转动量大于15°,其他车辆不大于25°
20	行驶系	车轮及轮胎	检查轮胎规格型号	轮胎规格型号符合规定,同轴轮胎的规格和花纹应相同,公路客车(客运班车)、旅游客车校车和危险货物运输车的所有车轮及其他车辆的转向轮不得装用翻新的轮胎

续上表

序号	作业项目		作业内容	技术要求
20	行驶系	车轮及轮胎	检查轮胎外观	轮胎的胎冠、胎壁不得有长度超过25mm或深度足以暴露出帘布层的破裂和割伤以及凸起、异物刺入等影响使用的缺陷。具有磨损标志的轮胎，胎冠的磨损不得触及磨损标志，无磨损标志或标志不清的轮胎，乘用车和挂车胎冠花纹深度应不小于1.6mm；其他车辆的转向轮的胎冠花纹深度应不小于3.2mm，其余轮胎胎冠花纹深度应不小于1.6mm
			轮胎换位	根据轮胎磨损情况或相关规定，视情进行轮胎换位
			检查、调整车轮前束	车轮前束值符合规定
21		悬架	检查悬架弹性元件，校紧连接螺栓、螺母	空气弹簧无泄漏、外观无损伤。钢板弹簧无断片、缺片、移位和变形，各部件连接可靠，U形螺栓螺母拧紧力矩符合规定
			减振器	减振器稳固有效，无漏油现象，橡胶垫无松动、变形及分层
22		车桥	检查车桥、车桥与悬架之间的拉杆和导杆	车桥无变形、表面无裂痕、油脂无泄漏，车桥与悬架之间的拉杆和导杆无松旷、移位和变形
23	传动系	离合器	检查离合器工作状况	离合器接合平稳，分离彻底，操作轻便，无异响、打滑、抖动及沉重等现象
			检查、调整离合器踏板自由行程	离合器踏板自由行程符合规定
24		变速器、主减速器、差速器	检查、调整变速器	变速器操纵轻便、挡位准确，无异响，打滑及乱挡等异常现象，主减速器、差速器工作无异响
			检查变速器、主减速器、差速器润滑油液面高度，视情更换	按规定的里程或时间更换润滑油，液面高度符合规定
25		传动轴	检查防尘罩	防尘罩无裂痕、损坏，卡箍连接可靠，支架无松动
			检查传动轴及万向节	传动轴无弯曲，运转无异响。传动轴及万向节无裂损、不松旷
			检查传动轴承及支架	轴承无松旷，支架无缺损和变形
26	灯光导线	前照灯	检查远光灯发光强度，检查、调整前照灯光束照射位置	符合GB 7258规定
27		线束及导线	检查发动机舱及其他可视的线束及导线	插接件无松动、接触良好。导线布置整齐、固定牢靠，绝缘层无老化、破损，导线无外露。导线与蓄电池桩头连接牢固，并有绝缘套

续上表

序号	作业项目	作业内容	技术要求
28	车架和车身	检查车架和车身	车架和车身无变形、断裂及开焊现象，连接可靠，车身周正。发动机罩锁扣锁紧有效。车厢铰链完好，锁扣锁紧可靠，固定集装箱箱体、货物的锁止机构工作正常
		检查车门、车窗启闭和锁止	车门和车窗应启闭正常，锁止可靠。客车动力启闭车门的车内应急开关及安全顶窗机件齐全、完好有效
29	车架车身	支撑装置	检查、润滑支撑装置，校紧连接螺栓、螺母	完好有效，润滑良好，安装牢固
30		牵引车与挂车连接装置	检查牵引销及其连接装置	牵引销安装牢固，无损伤、裂纹等缺陷，牵引销颈部磨损量符合规定
			检查、润滑牵引座及牵引销锁止、释放机构，校紧连接螺栓、螺母	牵引座表面油脂均匀，安装牢固，牵引销锁止、释放机构工作可靠
			检查转盘与转盘架	转盘与转盘架贴合面无松旷、偏歪。转盘与牵引连接部件连接牢靠，转盘连接螺栓应紧固，定位销无松旷、无磨损，转盘润滑
			检查牵引钩	牵引钩无裂纹及损伤，锁止、释放机构工作可靠

（4）过程检验。二级维护过程中，要始终贯穿过程检验，并做好检验记录或检验结果。过程检验中各维护项目的技术要求应符合技术标准和车辆维修资料等相关文件规定。

（5）竣工检验。

二级维护竣工检验项目及技术要求见表1-6。

二级维护竣工检验项目及技术要求　　　　　　　　　　　　表1-6

序号	检验部位	检验项目	技术要求	检验方法
1	整车	清洁	全车外部、车厢内部及各总成外部清洁	检视
2		紧固	各总成外部螺栓螺母紧固，锁销齐全有效	检查
3		润滑	全车各个润滑部位的润滑装置齐全，润滑良好	检视
4		密封	全车密封良好，无漏油无漏液和无漏气现象	检视
5		故障诊断	装有车载诊断系统（OBD）的车辆，无故障信息	检测
6		附属设施	后视镜、灭火器、客车安全锤、安全带、刮水器等齐全完好、功能正常	检视
7	发动机及其附件	发动机工作状况	在正常工作温度状态下，发动机起动三次，成功起动次数不少于两次，柴油机三次停机均应有效，发动机低、中、高速运转稳定、无异响	路试或检视
8		发动机装备	齐全有效	检视
9	制动系	行车制动性能	符合GB 7258规定，道路运输车辆符合GB 18565规定	路试或检测
10		驻车制动性能	符合GB 7258规定	路试或检测

续上表

序号	检验部位	检验项目	技术要求	检验方法
11	转向系	转向机构	转向机构各部件连接可靠,锁止限位功能正常转向时无运动干涉,转向轻便、灵活,转向无卡滞现象	检视
			转向节臂、转向器摇臂及横直拉杆无变形、裂纹和拼焊观象,球销无裂纹、不松旷,转向器无裂损、无漏油现象	
12		转向盘最大自由转动量	最高设计车速不小于100km/h的车辆,其转向盘的最大自由转动量不大于15°,其他车辆不大于25°	检测
13	行驶系	轮胎	同轴轮胎应为相同的规格和花纹,公路客车(客运班车)、旅游客车、校车和危险品运输车的所有车轮及其他机动车的转向轮不得装用翻新的轮胎,轮胎花纹深度及气压符合规定,轮胎的胎冠、胎壁不得有长度超过25mm或深度足以暴露出帘布层的破裂和割伤以及凸起,异物刺入等影响使用的缺陷	检查、检测
14		转向轮横向侧滑率	符合GB 7258规定,道路运输车辆符合GB 18565规定	检测
15		悬架	空气弹簧无泄漏、外观无损伤。钢板弹簧无断片、缺片、移位和变形,各部件连接可靠,U形螺栓螺母拧紧力矩符合规定	检查
16		减振器	减振器稳固有效,无漏油现象,橡胶垫无松动、变形及分层	检查
17		车桥	无变形、表面无裂痕,密封良好	检视
18	传动系	离合器	离合器接合平稳,分离彻底,操作轻便、无异响、打滑、抖动和沉重现象	路试
19		变速器、传动轴、主减速器	变速器操纵轻便,挡位准确、无异响、打滑及乱挡等异常现象,传动轴、主减速器工作无异响	路试
20	牵引连接装置	牵引连接装置和锁止机构	汽车与挂车牵引连接装置连接可靠,锁止、释放机构工作可靠	检查
21	照明、信号指示装置和仪表	前照灯	完好有效,工作正常,性能符合GB 7258规定	检视、检测
22		信号指示装置	转向灯、制动灯、示廓灯、危险报警灯、雾灯、喇叭、标志灯及反射器等信号指示装置完好有效	检视
23		仪表	各类仪表工作正常	检视
24	排放	排气污染物	汽油车采用双怠速法,应符合GB18285规定。柴油车采用自由加速法,应符合GB 3847规定	检测

思考题

1. 《汽车维护、检测、诊断技术规范》(GB/T 18344—2016)适用范围及核心是什么?

2. 汽车的维护周期是如何确定的？

3. 汽车日常维护有哪些作业内容和要求？

4. 汽车发动机一级维护有哪些作业项目？

5. 汽车发动机二级维护有哪些基本作业项目？

6. 汽车二级维护竣工检验中整车检测有哪些检验项目？

任务 2 解读常见车型维护工艺

学　时

2学时

学习目标

（1）知道上汽大众汽车二级维护的基本作业。
（2）知道上汽通用雪佛兰汽车二级维护的基本作业。
（3）能找到具体作业内容所对应的技术要求。

学习内容

一　上汽大众汽车二级维护基本作业流程

① 适用车型：桑塔纳、朗逸、波罗、朗行、凌度。

② 上汽大众汽车二级维护周期：4万km。

上汽大众汽车

③ 上汽大众汽车二级维护基本作业流程见表1-7。

上汽大众汽车二级维护基本作业流程　　　　　表1-7

序号	维护项目	作业内容	技术要求
1	发动机机油，机油滤清器	（1）更换机油； （2）更换机油滤清器； （3）检查机油报警装置	（1）机油规格：API SL级以上，根据环境温度选择润滑油黏度等级（SAE标准）； （2）机油量约4L，冷车时液面高度应在液位尺标记MAX与MIN之间； （3）机油滤清器在安装前应先注入机油，并在密封圈上涂抹机油，总成安装固定可靠、密封良好； （4）发动机各部件不应有渗、漏油现象
2	进气系统	清洁空气滤清器壳，更换空气滤清器芯	（1）空气滤清器清洁，安装可靠； （2）进气装置的真空软管无破损且连接可靠，冷热空气转换开关工作灵敏、准确
3	燃油系统	（1）检查燃油箱； （2）检查燃油管及接头； （3）更换燃油滤清器； （4）检查燃油泵	（1）燃油箱、盖及垫完好，密封良好； （2）燃油管无老化、裂损，接头无破损、无渗漏且紧固可靠； （3）燃油滤清器连同卡箍一起更换，安装可靠，密封良好； （4）燃油泵工作正常，无异响
4	燃油蒸发控制装置	（1）检查软管及接头； （2）检查活性炭罐电磁阀动作情况	（1）软管无老化、裂损，连接可靠，无泄漏； （2）活性炭罐电磁阀动作灵敏
5	曲轴箱通风装置（PCV阀）	检查、清洁PCV阀、PCV滤清器、通气软管	（1）各阀门无堵塞、卡滞现象，灵敏； （2）PCV滤清器清洁，工作正常； （3）通风系统管路清洁、畅通，不漏气
6	发动机传动带及带轮	（1）检查传动带及带轮外观； （2）调整传动带挠度	（1）传动带应无龟裂和过量磨损，表面无油污； （2）带轮无明显端面圆跳动，轮槽无明显磨损，运转无异响； （3）以约98N的力下压传动带，各部挠度应为：交流发电机处为12mm，水泵处为10mm，转向助力泵处为5mm； （4）正时带松紧度要求：用拇指和食指应能将其翻转90°，每行驶8万km要更换
7	配气机构	检查液压挺柱	正常运转时，挺柱处不应有异响
8	冷却系统	（1）检查散热器、膨胀水箱、箱盖压力阀及水管； （2）检查冷却液品质及液面高度	（1）冷却系统各部无变形破损及渗漏； （2）散热器盖、膨胀水箱盖结合表面良好、密封，箱盖压力阀清洁，不堵塞，能正常开启； （3）冷却液液面高度应在储液罐上下标线之间，冷却液容量为6L
9	火花塞	（1）清洁、检查或更换火花塞； （2）调整火花塞电极间隙	（1）电极表面应无黑色物沉积、无油污、无烧蚀破损等现象，电极间隙应为0.9~1.1mm； （2）非长效型火花塞3万km更换，长效型每6万km更换
10	进、排气歧管、消声器	检查、紧固进、排气歧管及消声器	（1）进、排气歧管和消声器各部件完好、无裂纹、无漏气，消声器性能良好，吊耳齐全； （2）排气管固定可靠； （3）进、排气歧管螺母的拧紧力矩为24N·m
11	离合器	（1）检查、调整离合器踏板自由行程； （2）检查离合器的工作状况	（1）离合器踏板自由行程：15~25mm； （2）离合器接合平稳，不打滑，无异响，分离彻底，复位灵活

续上表

序号	维护项目	作业内容	技术要求
12	手动变速器、差速器	（1）检查齿轮箱密封状况，紧固各螺栓； （2）检查变速器齿轮油油面高度及油质； （3）清洁壳体通气孔	（1）齿轮箱外部清洁、无裂纹，各部件连接紧固，密封良好，无渗漏油； （2）齿轮油规格为API GL-5，油面应在加油口下边缘； （3）通气孔应清洁、畅通
13	自动变速器	（1）检查变速器液压油油面高度及油质； （2）检查各传感器，测试主油路压力； （3）检查操纵机构	（1）自动变速器油面应在液位尺FULL标记处，液压油规格为DexronⅡ且每运行6万km要更换，同时更换滤芯； （2）变速杆操纵灵活、轻便，作用正常，无异响、跳动、乱挡现象
14	驱动轴	（1）检查防尘罩情况； （2）检查驱动轴内外万向节	（1）防尘罩不得有裂纹损坏，卡箍可靠； （2）万向节不松旷，无卡滞，无异响
15	转向器、液压助力泵、转向减振器	（1）检查转向器、液压助力泵、储液罐等部件的密封性； （2）检查液压助力泵油质及油面高度； （3）检查转向减振器； （4）检查液压助力泵工作状况	（1）转向器、液压助力泵、储液罐密封良好，无渗漏，油管不变形，无阻滞； （2）储液罐液面高度应在规定标线内； （3）转向器防尘罩无裂纹、损坏，卡箍可靠； （4）液压油品质良好，油面保持在刻度上线，液压油规格为ATF或DexronⅡ，每运行6万~10万km更换； （5）转向助力装置工作良好，无异响
16	转向传动机构、车轮定位及转向角	（1）检查转向传动机构的工作状况，校紧各部件螺栓； （2）检查转向盘自由转动量	（1）转向拉杆衬套不松旷，各杆件无明显变形，球头不松旷，各部件螺栓连接可靠； （2）转向盘位置正确，转向轻便、灵活，无自由转动量
17	前轮制动器	（1）拆卸、清洁各零部件； （2）检查各零部件磨损情况； （3）装复并润滑制动器总成，调整轮毂间隙	（1）各零部件完好、清洁； （2）制动盘表面不得有裂纹、沟槽，制动盘厚度不逾限，端面圆（外缘最大处）跳动量小于0.05mm； （3）制动摩擦片表面无油污，无裂损，厚度极限为2.5mm； （4）制动轮缸密封良好，复位自如； （5）制动钳固定螺栓的拧紧力矩为30N·m
18	后轮制动器	（1）拆卸、清洁各零部件； （2）检查各零部件磨损情况； （3）装复、润滑制动器总成，调整轮毂间隙	（1）各零部件完好、清洁； （2）制动鼓表面无油污，不得有裂纹、沟槽，制动鼓直径方向的磨损量小于1mm，圆度偏差小于0.10mm； （3）制动蹄摩擦片表面无油污，无裂损，厚度标准值为5mm，磨损极限为2.5mm； （4）轮毂转动灵活，无异响，轴向间隙小于0.1mm
19	制动操纵系统	（1）检查制动液品质、液面高度及制动液液面指示灯开关； （2）检查制动管路及接头； （3）检查制动主缸和真空助力器工作状况； （4）排除系统内空气； （5）检查踏板自由行程	（1）制动液不变质，液面高度应与储液罐液面标记平齐，制动液规格为N052766X0，每2年或运行超过5万km更换制动液； （2）制动管路无破损、老化，不扭曲，行驶时不碰擦汽车任何部件，连接牢固，各部无渗漏； （3）制动主缸、轮缸及助力器密封良好，真空助力器工作有效； （4）系统内无空气，制动效能良好，指示灯开关灵敏、有效； （5）制动踏板自由行程应小于1/3制动总行程

项目一 解读汽车维护技术规范

15

续上表

序号	维护项目	作业内容	技术要求
20	驻车制动器	（1）检查驻车制动器拉索及锁止状况； （2）检查驻车制动器自由行程； （3）检查驻车制动灯开关	（1）驻车制动器支架及各杆件、拉臂无明显变形且连接可靠，驻车制动器拉索不得有断裂或锈蚀，运动灵活； （2）驻车制动器生效齿数为2～3齿，20%正反坡驻车有效； （3）驻车制动灯开关灵敏、有效
21	悬架	（1）检查减振器密封及连接状况； （2）检查摆臂与球头； （3）检查减振弹簧； （4）紧固各部件螺栓	（1）减振器不漏油，上部连接支套无凸起、开裂，紧固可靠，减振作用良好； （2）当上下晃动前悬架时，下摆臂衬套完好，摆臂与球头配合无松动； （3）减振弹簧无损伤，定位可靠； （4）各部件无变形、开裂，连接可靠
22	车轮	（1）清洁检查轮辋及轮胎胎面； （2）进行轮胎换位； （3）检查、补充轮胎气压； （4）进行车轮动平衡	（1）轮辋无裂纹和变形； （2）车轮清洁，胎面无气鼓、裂伤、老化、变形或扎钉，胎面花纹深度大于1.6mm（不露出花纹磨损指示凸台），气门芯良好； （3）轮胎气压标准：200～250kPa； （4）轮毂螺母紧固力矩为120N·m
23	车门、玻璃升降器、发动机舱盖、行李舱盖	（1）检查、润滑车门、发动机舱盖铰链、拉索； （2）检查玻璃升降器工作状况	（1）车门、发动机舱盖和行李舱盖启闭灵活，锁止可靠； （2）车门玻璃完好、清晰，无裂纹，安装牢固，密封良好； （3）玻璃升降器升降自如，无卡滞
24	车身、车架、安全带	（1）检查紧固各螺栓； （2）检查安全带	（1）车身外壳、底板各部无严重锈蚀、损伤和变形； （2）安全带齐全有效
25	座椅、车身内装饰	检查、紧固	（1）座椅移位方便，锁止可靠； （2）车身内装饰齐全完好
26	蓄电池	（1）清洁外表； （2）检查电解液	（1）蓄电池清洁，支架完好，安装牢固，极桩无腐蚀，连接可靠，通气孔畅通； （2）电解液液面高度符合规定
27	照明装置、仪表信号装置、喇叭、刮水器洗涤装置、全车电器线路	检查各部件是否齐全，工作是否正常	（1）前照灯照射位置和发光强度符合国家标准有关规定； （2）其他灯光、喇叭、各仪表、信号装置齐全、功能有效； （3）刮水器电动机运转无异响，刮水片安装可靠，动作位置正确，挡位清楚、可靠； （4）洗涤装置完好、有效； （5）各电器线路完好，不漏电，连接正确，卡位可靠
28	空调装置	检查空调系统工作状况、密封状况	（1）制冷系统清洁密封制冷效果良好； （2）暖气装置工作正常； （3）控制装置工作正常

二、上汽通用雪佛兰汽车二级维护工艺流程

1 适用车型：上汽通用雪佛兰赛欧、科鲁兹。

② 上汽通用雪佛兰汽车二级维护周期：4万km。

上汽通用雪佛兰汽车

③ 上汽通用雪佛兰汽车二级维护工艺流程见表1-8。

上汽通用雪佛兰汽车二级维护工艺流程　　　　　表1-8

序号	维护项目	作业内容	技术要求
1	发动机机油，机油滤清器	（1）更换机油；（2）更换机油滤清器；（3）检视机油压力及报警系统	（1）机油规格为API SL级以上，根据环境温度选择机油黏度等级（SAE标准）；（2）机油总量为4.5L，液面高度（冷车时）应在液位尺标记MAX与MIN之间；（3）机油滤清器在安装前应先注入机油，并在密封圈上涂抹机油，总成安装固定可靠，密封良好
2	空气滤清器	同上汽大众汽车的作业内容	同上汽大众汽车的技术要求
3	燃油箱及油管、燃油滤清器	同上汽大众汽车的作业内容	同上汽大众汽车的技术要求
4	燃油蒸发控制装置	同上汽大众汽车的作业内容	同上汽大众汽车的技术要求
5	曲轴箱通风（PCV）	同上汽大众汽车的作业内容	同上汽大众汽车的技术要求
6	发动机传动带及带轮、张紧轮	检查传动带及带轮外观	（1）传动带应无龟裂和过量磨损，表面无油污；（2）带轮无明显端面圆跳动，轮槽无明显磨损，运转无异响
7	冷却系统	（1）检查散热器及散热器盖压力阀；（2）检查膨胀水箱及箱盖压力阀；（3）检查冷却液品质及液面高度	（1）冷却系统各部件无变形破损及渗漏；（2）散热器盖压力阀开启压力：100kPa；（3）冷却液液面高度在储液罐上下标线之间，冷却液容量为6.5L；（4）水泵无异响、渗漏
8	火花塞	清洁、检查或更换火花塞	电极表面无破损污物，电极间隙0.8~0.9mm，拧紧力矩为25N·m
9	汽缸盖，进、排气歧管，消声器	检查、紧固，视情补焊或更换进、排气歧管及消声器	（1）进、排气歧管和消声器各部件完好，无裂纹漏气；消声器良好；橡胶垫齐全；（2）进、排气歧管螺母的拧紧力矩为20N·m
10	发动机支架器	检查、紧固	发动机支架无变形和裂纹，连接牢固，支架螺栓的拧紧力矩为50N·m+75°

项目一　解读汽车维护技术规范

续上表

序号	维护项目	作业内容	技术要求
11	变速器	（1）检查变速器密封状况，紧固螺栓； （2）检查变速器齿轮油油面高度及油质	（1）自动变速器外部清洁、无裂纹，各部件连接紧固，密封良好； （2）液压油不变质、清洁、无焦味，油面应在液位尺FULL标记处，液压油每运行8万km必须更换，手动变速器油为1.9L，自动变速器油为4~6L
12	驱动轴	同上汽大众汽车的作业内容	同上汽大众汽车的技术要求
13	转向器、液压助力泵、转向减振器	（1）检查转向器、助力泵、储液罐等部件的密封性； （2）检查液压助力器储油罐油面高度； （3）检查助力泵工作状况	（1）转向器、助力泵、储液罐密封良好且无渗漏，油管不变形、无阻滞； （2）储液罐液面应在规定标线内； （3）转向器防尘罩无裂纹、损坏，卡箍可靠； （4）液压油无杂质，未乳化
14	转向传动机构	（1）检查转向器传动机构的工作状况和密封性； （2）检查调整转向盘自由转动量	（1）转向拉杆衬套不松旷，各杆件无变形，球头不松旷，各部件螺栓连接可靠； （2）转向盘位置正确，转向轻便、灵活，无自由转动量
15	前轮制动器	（1）拆卸、清洁各零部件； （2）检查各零部件磨损情况； （3）装复、润滑总成，检查轮毂是否松旷	（1）各零部件完好、清洁； （2）制动盘表面不得有裂纹、沟槽，制动盘厚度不逾限，极限厚度为2.3mm，端面圆跳动量不大于0.1mm； （3）制动摩擦块表面无油污，无裂损，厚度极限值为2mm（无底板）； （4）制动钳固定螺栓的拧紧力矩为100N·m； （5）轮毂转动灵活，用百分表检查轮毂径向圆跳动，如果超过0.04mm，必须更换轮毂
16	后轮制动器	（1）拆卸、清洁各零部件； （2）检查各零部件磨损情况； （3）装复、润滑总成，检查是否松旷	（1）各零部件完好、清洁； （2）制动盘表面不得有裂纹、沟槽，制动盘厚度不逾限，极限厚度为10mm，端面圆跳动量不大于0.1mm； （3）制动蹄摩擦片表面无油污，无裂损，厚度标准值为10.25mm，磨损极限为2mm； （4）轮毂转动灵活，无异响
17	制动操纵系统	（1）检查制动液品质、液面高度及制动液液面指示灯开关； （2）检查管路； （3）检查制动主缸和真空助力器工作状况； （4）排除制动系统内空气； （5）检查制动踏板自由行程； （6）检视ABS故障指示灯	（1）制动液不变质，液面高度应与储液罐液面标记平齐，制动液规格为DOT-4，每2年或每运行30000km更换制动液； （2）制动软管无破损、老化，不扭曲，最大转向时不碰擦汽车任何部件，连接牢固，各部件无渗漏； （3）系统内无空气，制动效能良好，指示灯开关灵敏、有效； （4）制动踏板自由行程为40~55mm； （5）ABS控制系统故障指示灯无故障显示
18	驻车制动器	同上汽大众汽车的作业内容	同上汽大众汽车的技术要求
19	悬架	同上汽大众汽车的作业内容	同上汽大众汽车的技术要求

续上表

序号	维护项目	作业内容	技术要求
20	车轮	（1）清洁检查轮辋、轮胎胎面； （2）补充轮胎气压； （3）进行车轮动平衡； （4）进行轮胎换位	（1）轮辋无裂纹和变形； （2）车轮清洁，胎面无气鼓、裂伤、老化、变形、扎钉,花纹深度不小于1.6mm，气门芯完好； （3）轮胎气压标准：前轮为210kPa、后轮为210kPa；备胎为415kPa； （4）轮毂螺母紧固力矩为140N·m
21	车门、玻璃升降器、发动机舱盖、行李舱盖	同上汽大众汽车的作业内容	同上汽大众汽车的技术要求
22	车身、车架、安全带或安全气囊	同上汽大众汽车的作业内容	同上汽大众汽车的技术要求
23	座椅、车身内装饰	同上汽大众汽车的作业内容	同上汽大众汽车的技术要求
24	蓄电池（免维护）	同上汽大众汽车的作业内容	同上汽大众汽车的技术要求
25	照明设备、仪表、信号装置、喇叭、刮水器、洗涤装置	同上汽大众汽车的作业内容	同上汽大众汽车的技术要求
26	空调装置	同上汽大众汽车的作业内容	同上汽大众汽车的技术要求

 思考题

1. 上汽大众汽车的灯光检查内容应包括哪些？

2. 上汽通用雪佛兰汽车的底盘维护作业包括哪些作业内容？

3. 上汽大众汽车维护中涉及哪些油液？各类油液有哪些标准？

4. 上汽通用雪佛兰汽车维护作业中涉及哪些油液？各类油液有哪些标准？

5. 如何检查安全带是否有效工作？

项目二

实施汽车二级维护基本作业

项目描述

汽车二级维护作业以清洁、检查、紧固、调整、润滑和补给这六大作业项目为主线，以实例说明所需的通用、专用工量具和维护设备，强调汽车维护作业和维护竣工检验工作中涉及的技术规范。通过对本项目的学习，学生可掌握汽车基本维护技术，能够独立和合作完成基本维护作业。

学习目标

（1）知道6S理念，树立安全意识，培养团队精神。
（2）领会维护作业中的技术要求。
（3）准备工量具，熟悉作业场景。
（4）制订作业流程，明确任务分工。
（5）完成发动机、底盘、电气和车身的各项维护作业。
（6）学会查阅维修手册和技术资料。

学习任务

任务1　理解6S理念
任务2　操作举升机
任务3　使用量具

任务 4　检查车身
任务 5　检查油液
任务 6　检查蓄电池
任务 7　检查火花塞
任务 8　检查灯光
任务 9　检查喷洗器和刮水器
任务 10　检查转向盘和喇叭
任务 11　检查制动踏板和驻车制动器
任务 12　检查座椅和安全带
任务 13　更换机油和机油滤清器
任务 14　检查底盘紧固件
任务 15　检查底盘状况
任务 16　检查车轮
任务 17　检查盘式制动器
任务 18　检查空调

项目二　实施汽车二级维护基本作业

任务 1　理解6S理念

2学时

（1）6S理念规范作业场景如图所示。

6S理念规范作业场景

（2）实训设备和工具见表2-1。

实训设备和工具　　　　　　　　　　　　表2-1

序　号	名　称	型号或规格	数量/工位
1	丰田卡罗拉汽车	GL 1.6AT	1辆
2	剪式举升机	GC-3.5S	1台
3	世达工具车	95109	1辆
4	世达工具车	95111	1辆
5	世达套筒组套	090990　32件	1套
6	抹布	—	若干

作业安全

操作时防止尖锐物或刃口弄伤身体。

 学习目标

1. 知道6S理念的内容。
2. 理解6S理念的注意事项。

 任务实施

一 整理（SEIRI）

在工作场地指定一处放置所有不必要的物品。收集工作场地中不必要的材料，然后丢弃。

 注意

小心存放物品很重要，同样，丢弃不必要的物品也很重要。

环保

按废弃物处理规定，分类丢弃到相应的垃圾桶，有利于资源回收利用。

二 整顿（SEITON）

将很少使用的物品放在单独的地方。
将偶尔使用的物品放在工作场地。
将常用的物品放在近处。

三 清扫（SEISO）

清洁工量具，清除工作场地中的杂物。

四 清洁（SEIKETSU）

对各种物品进行分类，清除不必要的物品。

五 自律（SHITSUKE）

学习规章制度，有助于学生培养自豪感并学会尊重他人。

汽车维修中每时每刻都应有安全第一的观念，防患于未然。

不正确的做法：当一人在下降车辆时，车辆下方还有机油收集器。

六 安全（SECURITY）

操作中无安全隐患。

实训安排

一 独立学习

单人按照上述操作步骤独立完成学习任务。

二 合作学习

双人小组学习，每个工位为一个小组，成员有操作员A和操作员B，A和B的操作内容主要以分工来确定。具体配合如下：

（1）整理（SEIRI）。
A负责丢弃不必要的物品；
B负责记录操作过程是否正确。

（2）整顿（SEITON）。
A负责将常用的物品放在近处；
B负责记录操作过程是否正确。

（3）清扫（SEISO）。
A负责清洁工量具和清除工作场地杂物；
B负责记录操作过程是否正确。

（4）清洁（SEIKETSU）。
A 负责对各种物品进行分类；
B 负责记录操作过程是否正确。
（5）安全（SECURITY）。
A 负责在车内等待指令起动发动机；
B 负责检查车辆周围是否有障碍物。

（6）自律（SHITSUKE）。
A、B同时进行着装整理，学习相关规章制度。

 工作页

任务名称		理解6S理念				序号	2-1
班级			姓名		地点	日期	
任务要求		学习6S理念的相关知识，制订工作计划，实施操作，从而学会6S的操作方法					

一、收集信息
1. 工具车各层的摆放物如下。

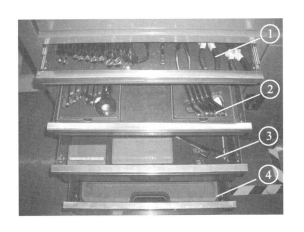

序号	名　　称
1	
2	
3	
4	世达工具套装

2. 垃圾分类如下。

序号	丢 弃 物
1	
2	
3	制冷剂罐

二、计划决策

成员分工	组号：_____，成员分工：_____
设备工具	卡罗拉汽车、举升机、工具车、_____
制订计划	
准备工作	检查安全环保措施，熟悉布置工作场景

三、实施任务

1. 整理（SEIRI）包括以下事情：_____。
2. 整顿（SEITON）包括以下事情：_____。
3. 清扫（SEISO）包括以下事情：_____。
4. 清洁（SEIKETSU）包括以下事情：_____。
5. 自律（SHITSUKE）包括以下事情：_____。
6. 安全（SECURITY）包括以下事情：_____。

7. 填写作业单。

作 业 单

项 目	作业内容	作业要求	检查结果
整理	（1）设置分类垃圾箱		□正　常 □不正常
整理	（2）丢弃空瓶		□正　常 □不正常
整理	（3）丢弃空桶		□正　常 □不正常
整理	（4）丢弃抹布		□正　常 □不正常
整顿	（1）将常用的物品放置于近处		□正　常 □不正常
整顿	（2）将少用的物品放置于隐蔽地方		□正　常 □不正常
整顿	（3）将偶尔用到的物品放置于工作场地		□正　常 □不正常
清扫	（1）擦拭工具、量具		□正　常 □不正常
清扫	（2）扫除工作场地杂物		□正　常 □不正常
清洁	（1）工具、量具摆放到位		□正　常 □不正常
清洁	（2）清除不必要的物品		□正　常 □不正常
自律	（1）掌握规章制度情况		□正　常 □不正常
自律	（2）完成任务后检查工单		□正　常 □不正常
安全	（1）操作无安全隐患		□正　常 □不正常
安全	（2）更正不安全操作		□正　常 □不正常

四、检查质量

检查工作计划、记录内容，检查工位复位：_____
_____。

五、评价反思

在教师的指导下，反思自己的工作方式和工作成果。

评 价 表

能力目标	观 察 点	自　评	互　评	技术要求
基本职业能力	正确丢弃不需要的物品	□合　格 □不合格	□合　格 □不合格	将垃圾分类，达到环保要求
基本职业能力	会整顿工作场地的物品	□合　格 □不合格	□合　格 □不合格	按不同使用频率将物品放在近处、远处或单独处
基本职业能力	清洁、复位设备和工具等	□合　格 □不合格	□合　格 □不合格	6S要求

能力目标	观察点	自 评	互 评	技术要求
关键能力	正确查阅维修资料和学习材料	□合　格 □不合格	□合　格 □不合格	适应职业岗位
	合作默契，交流顺畅	□合　格 □不合格	□合　格 □不合格	
个人反思				完成任务的安全、质量、时间和6S等要求，是否达到最佳水平，请自己思考并提出改进建议
教师评价	教师签字： 日　　期：			成　绩
				□合　格　　　□不合格

任务 2　操作举升机

学　　时

4学时

作业场景

（1）作业项目场景及设备如图所示。

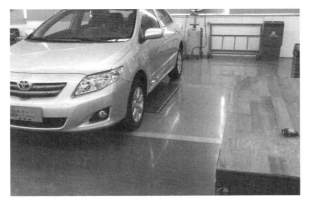

操作举升机场景

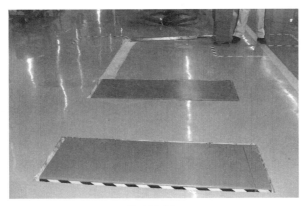

剪式举升机

（2）实训设备和工具见表2-2。

实训设备和工具　　　　　　　　　　表2-2

序 号	名 称	型号或规格	数量/工位
1	丰田卡罗拉汽车	GL 1.6AT	1辆
2	剪式举升机	GC-3.5S	1台
3	支撑垫块	—	4块
4	车轮挡块	—	4块

 作业安全

（1）举升机操作机构应灵敏，液压系统、气压系统和电动机正常工作。
（2）车辆应停放周正，支撑垫块在车辆底盘合适的支撑位置。
（3）举升时，车辆周围应无人员和其他障碍物。
（4）举升要平稳，两侧平板高度一致，否则立即停止操作，及时检查维修。
（5）举升到所需要的高度时，必须锁止，并确保安全可靠，方可进行底盘作业。
（6）举升高度不能超过举升机举升极限。

 学习目标

（1）熟练使用举升机，按规范升降车辆。
（2）遵守操作规则，保证安全。
（3）整理、清扫。

 任务实施

举升机类型有剪式、二柱式和四柱式，汽车维护作业通常在剪式举升机上操作。剪式举升机主要由控制台、液压系统、举升机构和平板以及安全保险装置等组成，工作时以液压系统驱动平板升降。下面以剪式举升机为例介绍其操作步骤。

一　举升机操作方法

（1）开启举升机电源，开启气源。

（2）按住举升机控制台上的上升按钮，举升机平板上升。

 提示

举升要平稳，两侧平板高度应一致，否则，立即停止操作，及时检查维修。

（3）举升高度不能超过举升机举升极限。

（4）上升到适当高度，同时按住举升机控制台上的上升和下降按钮，锁止。

 注意

确保举升机安全锁止后，才可以作业。

（5）按住举升机控制台上的下降按钮，举升机平板下降。

 参考

下降到合适高度后，确保举升机安全锁止。

（6）操作完成后，举升机平板降到最低位置，关闭电源和气源。

二　举升车辆

（1）车辆驶入举升工位，拉起驻车制动杆，安放车轮挡块。

 提示

车辆的停放位置要正确。

（2）在车辆底部安放支撑垫块。

（3）按住举升机上升按钮，待举升机平板稍抬高时，调整支撑垫块到车辆底部规定支撑位置。

支撑垫块安放位置必须正确。

（4）收起车轮挡块。

车轮挡块可以不回位，但要安放整齐。

（5）举升车辆到一定高度，在车辆前后按压车辆数次，检查车辆支撑是否稳定。

①举升时，车辆必须被安全可靠支撑。
②按压时，用力均匀，部位合适。

（6）操作举升机前，先观察车辆周围有无人员或其他物体。

举升时，不允许有人作业或靠近车辆。

（7）按住上升按钮，举升车辆到适当高度。同时按住上升按钮和下降按钮，举升机被安全锁止。

举升车辆到适当高度后，必须锁好举升机保险，确认安全后，开始相应作业项目。

（8）按住下降按钮，将车辆下降到适当的高度，举升机被安全锁止。

继续下降，使车轮完全着地，举升机平板回到最低位置。

准备下降时，先观察车辆周围有无人员或其他物体。

（9）安放车轮挡块，收起支撑垫块。

（10）关闭举升机电源和气源，整理和清扫作业场地。

 实训安排

一 独立学习

单人按照上述操作步骤独立完成学习任务。

二 合作学习

双人小组学习，每个工位为一个小组，成员有操作员A和操作员B，A和B的分工主要以左侧和右侧，前部和后部来确定，具体配合如下。

（1）举升机操作方法。按举升机使用说明书操作。

A 负责操作控制台按钮，上升、锁止和下降；

B 负责打开或关闭电源和气源，观察并记录。

（2）举升车辆。

A 负责安放、调整和撤掉右侧车轮挡块或支撑垫块，检查车辆后部支撑是否稳定，观察记录，整理和清扫；

B 负责安放、调整和撤掉左侧车轮挡块或支撑垫块，检查车辆前部支撑是否稳定，操作控制台按钮，关闭电源和气源。

 拓展学习

不同品牌举升机，其操作要求基本相同，只是结构位置稍有不同以及所举升的高度略有差异。操作时，请仔细查阅设备使用手册和相关技术资料。下面介绍百斯巴特VLE5240剪式举升机和序达XG-3.2B液压双柱举升机。

一、百斯巴特VLE5240剪式举升机

（1）控制台。

（2）大小剪式举升机平板举升车辆。

二、序达XG-3.2B液压双柱举升机

（1）控制装置。

（2）举升臂举升车辆。

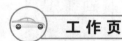
工作页

任务名称	操作举升机			序号	2-2
班级		姓名		地点		日期	
任务要求	学习汽车举升机知识，制订工作计划，练习检查和操作，学会使用剪式举升机举升车辆				

一、收集信息

1. 写出汽车用举升机的类型及作用。

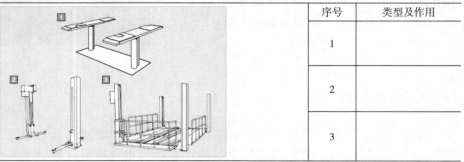

序号	类型及作用
1	
2	
3	

作用：

2.剪式举升机主要有哪些组成部分?

二、计划决策

成员分工	组号：_____，成员分工：_____
设备工具	卡罗拉汽车、举升机、工具车、车轮挡块、_____
制订计划	
准备工作	检查安全环保措施，熟悉布置工作场景

三、实施任务
1.填写表中要求的内容。

	序号	名 称
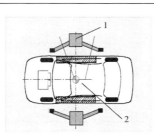	1	
	2	
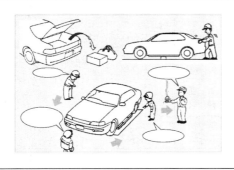	用举升机举升汽车之前，有哪些准备工作？	

2.如何设置举升机举升位置?

3. 填写作业单。

作业单

项目	作业内容	作业要求	检查结果
举升机操作方法	（1）开启举升机电源和气源		□正　常 □不正常
	（2）按住举升机上升按钮，举升机平板上升		□正　常 □不正常
	（3）按住举升机下降按钮，举升机平板下降		□正　常 □不正常
	（4）操作完成后，将举升机平板降到最低位置		□正　常 □不正常
举升车辆	（1）车辆驶入举升工位		□正　常 □不正常
	（2）在车辆底部安放支撑垫块		□正　常 □不正常
	（3）收起车轮挡块		□正　常 □不正常
	（4）按住举升机上升按钮，举升车辆到适当高度		□正　常 □不正常
	（5）按住举升机下降按钮，使举升机平板回到最低位置		□正　常 □不正常
	（6）关闭举升机电源和气源，整理和清扫作业场地		□正　常 □不正常

四、检查质量

检查工作计划、记录内容，检查工位复位：_____。

五、评价反思

在教师的指导下，反思自己的工作方式和工作成果。

评价表

能力目标	观察点	自评	互评	技术要求
基本职业能力	正确操作举升机	□合　格 □不合格	□合　格 □不合格	举升平稳，安全锁止
	举升车辆到合适高度	□合　格 □不合格	□合　格 □不合格	车辆停放周正，举升机周围无障碍物
	清洁、复位设备和工具等	□合　格 □不合格	□合　格 □不合格	6S要求
关键能力	正确查阅维修资料和学习材料	□合　格 □不合格	□合　格 □不合格	适应职业岗位
	合作默契，交流顺畅	□合　格 □不合格	□合　格 □不合格	
个人反思		完成举升车辆任务的安全、质量、时间和6S等要求，是否达到最佳水平，请自己思考并提出改进建议		
教师评价	教师签字： 日　　期：	成　绩 □合　格　　□不合格		

任务 3　使用量具

学　时

2学时

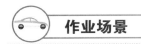

作业场景

（1）作业项目场景及工、量具如图所示。

使用量具作业场景

维护所用的工、量具

（2）实训设备和工、量具见表2-3。

实训设备和工、量具　　　　　　　　表2-3

序 号	名 称	型号或规格	数量/工位
1	丰田卡罗拉汽车	GL 1.6AT	1辆
2	前格栅布、翼子板布	—	1套
3	胎压表	—	1只
4	世达预置式力矩扳手	96313　60~340N·m	1把
5	世达预置式力矩扳手	96312　20~100N·m	1把
6	世达预置式力矩扳手	96212　0~25N·m	1把
7	外径千分尺	0~25mm	1只
8	百分表	—	1只
9	密度计	—	1套

 作业安全

（1）所有量具均为精密仪器。要确保在工作部件上正确使用工具，在工具上用力要恰当。

（2）测量仪器与被测零件垂直。

（3）选择使用适当量程的量具。

（4）读取测量值时，确保视线与表盘和指针成垂直。

（5）做好汽车维护工、量具的维护，使用后要清洁并按原状放置，勿暴晒或受潮。

 学习目标

（1）认识维护中所涉及的工、量具。

（2）学会各量具的校零、读数及维护等方法。

（3）学习工具和测量仪器的功能，正确使用方法及注意事项。

 **任务实施**

在汽车维护作业中会涉及各类量具，这些量具都有各自的使用方法，只有使用得当才能保证测量准确，完成汽车维修任务。

用测量仪器检查零件尺寸和调整状态是否和标准值符合，并且检查车辆或发动机零件是否正常发挥作用。

在维护作业中主要涉及以下几种量具和工具：外径千分尺、百分表、密度计、胎压表及预置式力矩扳手等。

一　外径千分尺

外径千分尺用于测量零件的外径或厚度。

量程有以下几种：

0~25mm、25~50mm、50~75mm、75~100mm。

外径千分尺的组成部分为：

① ——测砧；
② ——轴；
③ ——锁销；
④ ——螺钉；
⑤ ——套筒；
⑥ ——棘轮定位器。

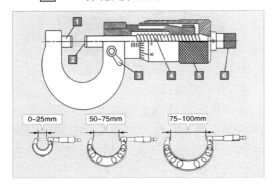

（1）零位校准。

使用外径千分尺前，让棘轮定位器自由转动2~3圈，检查并确保零刻度已对准。

0~25mm的外径千分尺可直接进行校零，其他量程的可用标准块进行校零。

（2）测量。

测量时，将测砧抵住被测物体，旋转套筒直到轴轻轻接触被测物。接着转动棘轮定位器几次，锁止并读出测量值。

① 测量前后须清洁测砧表面，以免造成测砧污损。

② 不可将外径千分尺取下进行读数，以免损坏千分尺测砧。

③ 读数。先读出套筒左侧至0.5mm的值，再读取滚筒上0.01~0.5mm的数值。两者相加即可。

例：55.5mm+0.45mm=55.95mm

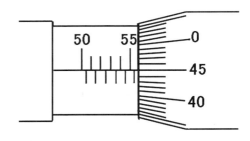

二　百分表

百分表用于测量轴的偏差或弯曲，以及凸缘的表面振动等。

（1）零位校准。

将百分表与磁性表座组装后安装固定好，测量头部与被测表面垂直并有一定的压缩余量，然后将表盘转至零位。

使用前可压下测量杆，观察表盘内指针的转动是否灵活自如，若有迟滞需检修。

安装百分表与磁性表座时，要牢固可靠。

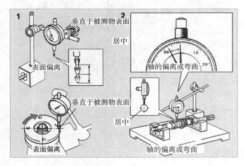

（2）测量。

缓慢地转动被测物，观察百分表表盘指针的偏摆量。

（3）读数。

读取指针在零位左右偏摆的幅度，即记录表盘最外圈所转过的最大刻度。每一格代表0.01mm。

例：指针摆动的刻度范围有17格，则百分表所检测到的数据为0.17mm。

三　密度计

密度计用于检测蓄电池电解液相对密度值，从而判断蓄电池所含电量的情况。

密度计有光学式和浮子式两种，光学式较为常用。

（1）零位校准。

将密度计的测量镜清洁干净后，滴少许蒸馏水进行观察。应在观察目镜内看到蓝白两色的分界线在冰点刻度线0℃位置上，即表示密度计零位正确。

（2）测量。

用密度计自带的吸管，取一滴蓄电池电解液，滴在测量镜上，放下透明挡片，朝着光亮处观察。

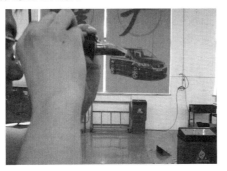

（3）读数。

电解液密度计的视窗显示有3列刻度。从左向右分别指示的是蓄电池电解液密度、冷却液冰点、车窗清洗液冰点。

密度计读数方法：

读取颜色分界线在刻度线上所指示的数值。

例：电解液密度读数为1.17。

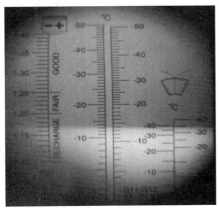

环保

操作后多余的液体不能随意处置，以避免污染环境。应使用清洁布擦拭，并将脏布放进不可回收归类的垃圾箱内。

参考

蓄电池电解液的相对密度20℃时应为1.28。电解液的相对密度随温度变化而变化，当电解液温度升高1℃时，相对密度降低0.0007，电解液温度降低1℃时，相对密度上升0.0007，故测定相对密度必须换算成标准温度20℃时的相对密度值。

摄氏测量：
$S_{20}(℃)=S_t+0.0007×(t-20)$
华氏测量：
$S_{68}(°F)=S_t+0.0004×(t-68)$
式中：S_{20}——20℃时的相对密度；
　　　$S_{68}(°F)$——68°F时的相对密度；
　　　S_t——相对密度的测量值；
　　　t——当测量相对密度时电解液的温度。

四　胎压表

胎压表用于测量车辆轮胎的气压值。

胎压表一般有指针式和数字式两种，通常使用指针式。

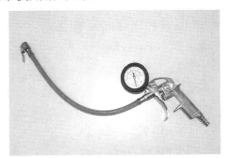

（1）零位校准。

在未测量时，胎压表的指针应指向零刻度，或在量程的起始位置。若指针偏移，则零位不准，无法正确使用。

项目二　实施汽车二级维护基本作业

（2）测量。

将胎压表的测量头与轮胎的气门芯垂直压紧，胎压表的指针将根据轮胎内部气压力相应地进行偏移，指示出胎压的大小。

（3）读数。

胎压表的表盘上有4种颜色的刻度线，从外至内分别是：psi（lbf/in²，即磅力每平方英寸）、kgf/cm²（千克力每平方厘米）、bar（巴）、kPa（千帕）。

例：240kPa

1bar = 100kPa

1bar = 1.0197kgf/cm²

100kPa = 14.696psi

五 力矩扳手

用以测量螺纹紧固件，如螺栓、螺母是否达到规定的力矩。

力矩扳手有预置式和板簧式两种。

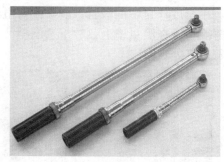

（1）零位校准。

旋转套筒至扳手杆身上的刻度最低处。观察是否能露出最低量程的刻度线。若有上下偏差，表示力矩扳手零位不准确，则须调整。

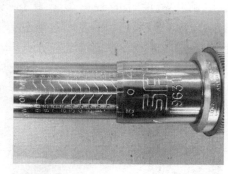

（2）测量。

预置式力矩扳手可通过旋转套筒预设所要求的力矩，并将套筒锁定，防止操作中力矩变化。

提示

预置式力矩扳手上有一旋钮，通过调整内部棘轮机构来设置紧固的方向。

安全

切勿随意拨动棘轮机构，以免损伤棘轮造成预置式力矩扳手损坏。

用力矩扳手对螺栓或螺母施加力矩拧紧，直至发出"咔嗒"声，表明已达到所预置的力矩。

（3）读数。

读数方法与千分尺相同。先读杆身上的整数，再读出滚筒上的数值。

例：30N·m + 4N·m = 34N·m

安全

当听到力矩扳手发出声响后，请勿再继续用力，否则，螺栓或螺母有可能断裂。

项目二 实施汽车二级维护基本作业

 实训安排

量具使用的实训方式，可以根据设备的数量来决定：可分批使用某一量具进行单人测量、分组测量，掌握后再更换其他量具；也可各组使用不同量具进行练习，掌握后再交换量具进行练习。

 工作页

任务名称		使用量具		序号	2-3
班级		姓名		地点		日期	
任务要求	学习测量的基础知识，制订工作计划，练习使用量具，从而学会汽车维护中所涉及的量具使用方法				

一、收集信息

1. 外径千分尺。

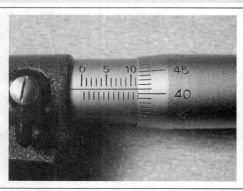

外径千分尺读数方法为：
_____
_____

图示读数为：
_____

2. 百分表。

百分表读数方法为：
_____
_____

图示读数为：
_____

3. 密度计。

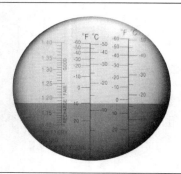

密度计的读数方法为：
_____
_____
_____

图示读数为：
_____

4. 胎压表。

胎压表的使用方法为：
_____

图示胎压表读数为：
_____
_____

5. 力矩扳手。

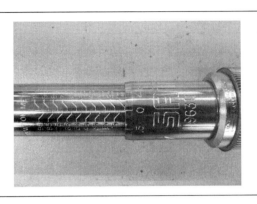

力矩扳手的力矩设定方法为：
_____
_____
_____
_____

二、计划决策

成员分工	组号：_____，成员分工：_____
设备工具	卡罗拉汽车、举升机、工具车、车轮挡块、_____
制订计划	
准备工作	检查安全环保措施，熟悉布置工作场景

三、实施任务

1. 外径千分尺的测量精度为：_____，百分表的测量精度为：_____，胎压表的测量精度为：_____，密度计的测量精度为：_____，力矩扳手的测量精度为：_____。

2. 使用外径千分尺时要注意_____。
   使用百分表时应注意_____。
   使用胎压表时应注意_____。
   使用密度计时应注意_____。

3. 力矩扳手使用步骤。

使用步骤：
_____
_____
_____
_____
_____
_____

4. 填写作业单。

作　业　单

项　　目	作业内容	作业要求	检查结果	测量值
外径千分尺	（1）零位校准		□正　常 □不正常	—
	（2）清洁测砧		□正　常 □不正常	—
	（3）外径千分尺读数		□正　常 □不正常	
	（4）清洁整理		□正　常 □不正常	—
百分表	（1）组装百分表及附件		□正　常 □不正常	—
	（2）零位校准		□正　常 □不正常	—
	（3）百分表读数		□正　常 □不正常	
	（4）清洁整理		□正　常 □不正常	—
密度计	（1）清洁密度计		□正　常 □不正常	—
	（2）零位校准		□正　常 □不正常	—
	（3）测量密度		□正　常 □不正常	
	（4）清洁整理		□正　常 □不正常	—
胎压表	（1）零位校准		□正　常 □不正常	—
	（2）测量胎压值		□正　常 □不正常	
	（3）清洁整理		□正　常 □不正常	—
力矩扳手	（1）零位校准		□正　常 □不正常	—
	（2）测量力矩		□正　常 □不正常	
	（3）清洁整理		□正　常 □不正常	—
6S	操作过程 注意6S实施		□正　常 □不正常	—

四、检查质量

检查工作计划、记录内容，检查工位复位：_____

_____。

五、评价反思

在教师的指导下，反思自己的工作方式和工作成果。

评 价 表

能力目标	观 察 点	自 评	互 评	技 术 要 求
基本职业能力	使用外径千分尺	□合　格 □不合格	□合　格 □不合格	检查并确保零刻度对准，轻柔转动棘轮定位器几次并精确读出测量值
	使用百分表	□合　格 □不合格	□合　格 □不合格	设置指针使其位于量程的中心位置
	使用密度计	□合　格 □不合格	□合　格 □不合格	用清水校零，正确调焦，读出颜色分界线对应刻度线所指示的数据
	使用力矩扳手	□合　格 □不合格	□合　格 □不合格	旋转力矩扳手，听到"咔嗒"声表明已拧紧
	清洁、复位设备和工、量具等	□合　格 □不合格	□合　格 □不合格	6S要求
关键能力	正确查阅维修资料和学习材料	□合　格 □不合格	□合　格 □不合格	适应职业岗位
	合作默契，交流顺畅	□合　格 □不合格	□合　格 □不合格	
个人反思		完成量具使用实训任务的安全、质量、时间和6S要求，是否达到最佳水平，请自己思考并提出改进建议		
教师评价	教师签字： 日　　期：	成绩		
		□合　格　　□不合格		

任务 4 检查车身

学　时

4学时

作业场景

（1）作业项目场景及工具车如图所示。

检查车身场景

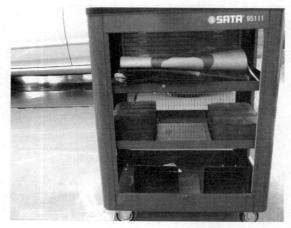

工具车

（2）实训设备和工具见表2-4。

实训设备和工具　　　　　　　　　表2-4

序　号	名　　称	型号或规格	数量/工位
1	丰田卡罗拉汽车	GL 1.6AT	1辆
2	世达工具车	95109	1辆
3	世达工具车	95111	1辆
4	翼子板布、前格栅布	—	1套
5	转向盘套、座椅套、脚垫	—	1套
6	车轮挡块	—	4块
7	抹布	—	若干

  作业安全

（1）车辆应停放居正，必须安放车轮挡块。
（2）禁止随意起动发动机。
（3）开关车门或发动机舱盖时，注意不要用力过猛。

  学习目标

（1）熟悉车辆检查的准备内容及其作用。
（2）安全规范地检查车身。
（3）制订合理的检查流程。

  任务实施

车身检查主要包括车门、发动机舱盖、行李舱盖、加油口盖、车辆倾斜量的检查。

 准备工作

（1）安放车轮挡块。

 参考

车轮挡块可以挡住任意2个车轮的前后移动。

 注意

安放车轮挡块时，车轮挡块不要撞击车轮，应与轮胎外边缘平齐。

（2）整理保洁3件套。

提示

将驾驶室内转向盘套、座椅套、脚垫3件套，翼子板布和前格栅布放置工具车上。

（3）解锁车辆。

用车钥匙开启车门，打开点火开关，降下车窗玻璃。

安全

下降车窗玻璃时，无其他人员在车门旁，以免碰伤。

（4）安放好脚垫。

参考

脚垫安放要平整。

（5）安装座椅套。

参考

安装座椅套时，双手操作，先套座椅靠背，再往下拉展，将座椅全部套住。

注意

不要撕破塑料材质的座椅套。

（6）安装转向盘套。

参考

安装转向盘套时，双手操作，先套转向盘上端，再往下均匀拉开，将转向盘全部套住。

注意

不要撕破塑料材质的转向盘套。

（7）拉动发动机舱盖释放拉手。

（8）拉动行李舱盖释放拉手。

（9）拉动加油口盖释放拉手。

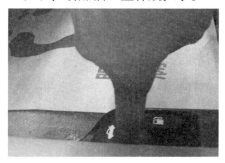

 二　检查车门

检查车门的螺栓和螺母。

参考

检查各车门的螺栓和螺母是否松动，检查方法相同，以驾驶人侧车门为例。

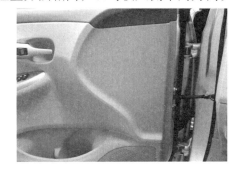

提示

双手分别扶住车门上下门框，用力扳动车门，若有松动，则应紧固。

 安全

用力不能过猛，谨防伤人和设备。

 三　检查发动机舱盖

（1）打开发动机舱盖。

提示

用手拨动发动机舱盖的挂钩，双手掀开发动机舱盖。

安全

操作时小心，谨防伤手。

（2）支撑发动机舱盖。

提示

一手支撑发动机舱盖，一手拉起发动机舱盖支撑杆，并可靠安装至发动机舱盖上的支撑槽内。

安全

支撑杆必须可靠安装，谨防舱盖落下伤人和设备。

（3）安放翼子板布和前格栅布。

注意

翼子板布和前格栅布安放要牢靠，其磁铁有效吸附车身。

翼子板布不能挡住车灯和车轮。

（4）检查发动机舱盖铰接螺栓和螺母是否松动。

参考

一手支撑发动机舱盖，一手握住支撑杆，用力扳动发动机舱盖，若有松动，则应紧固。

注意

用力不能过猛，谨防伤人和设备。

（5）收起翼子板布和前格栅布。

提示

翼子板布和前格栅布要折叠整齐，归位。

（6）关上发动机舱盖。

提示

①取下支撑杆，放回原位并可靠卡住。

②双手放下发动机舱盖至一定高度，松开双手，让发动机舱盖自由落下，盖紧。

安全

发动机舱盖应自由落下，禁止用手按压发动机舱盖。

作业人员谨防挤伤手。

四 检查行李舱盖

（1）打开行李舱盖，双手支撑行李舱盖。

（2）检查行李舱盖的铰接螺栓和螺母是否松动。

参考

一手支撑行李舱盖，一手握住支撑杆，用力扳动行李舱盖，若有松动，则对其铰接螺栓和螺母紧固。

五 检查油箱盖

（1）检查油箱盖是否变形或损坏。

①燃油蒸气易燃，禁止用明火照明。
②避免燃油接触皮肤、眼睛和衣服，避免吸入燃油蒸气。

①燃油对水有污染，禁止燃油流入水系。
②有燃油溢出时必须立即用吸附剂处理。

油箱盖的密封垫片也要检查。

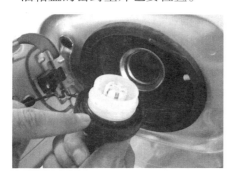

（2）检查油箱连接状况。
（3）检查油箱扭矩限制器工作情况。

安装加油口盖，拧紧油箱盖并发出"咔哒"声，而且能自由旋转。

六 检查悬架

（1）检查车辆是否倾斜。
①检查车辆前部。

作业人员站在距车头较远处，目测检查车头左右两侧是否倾斜。

②检查车辆后部。

同检查车辆前部。

若车辆倾斜，则检查轮胎气压、车辆负载等。

（2）检查减振器的阻尼状态。

分别上下摇动车身前部和后部，以感觉车身减振器的缓冲力，待车身不动时再摇动检查。

七、6S管理

（1）收起驾驶室内保洁3件套：转向盘套、座椅套和脚垫。

能重复使用的保洁3件套，应折叠整齐并归位。

一次性的保洁3件套，应分类丢弃。

（2）升起车窗玻璃。

禁止非作业人员在车窗附近，谨防车窗夹伤人。

（3）清洁。

清洁车身、工作台和地面等。锁好车门，钥匙归位。

（4）整理。

收起车轮挡块，及时放回工具车并安放整齐。

实训安排

 独立学习

单人按照上述操作步骤独立完成学习任务。

二 合作学习

双人小组学习，每个工位为一个小组，成员有操作员A和操作员B，A和B的分工主要以车内和车外、前部和后部来确定。具体配合如下。

（1）准备工作：

A负责安放车轮挡块和整理保洁3件套；

B负责解锁车辆，安装脚垫、座椅套、转向盘套，拉动发动机舱盖、行李舱盖和加油口盖释放拉手。

（2）检查工作：

A负责检查油箱盖、行李舱盖和车辆后部悬架；

B负责检查车门、发动机舱盖和车辆前部悬架。

（3）6S管理。

A负责整理车轮挡块和清洁；

B负责收起驾驶室内保洁3件套，升起车窗玻璃和锁车门。

拓展学习

不同的车型，其检查车身的方法基本相同，只是结构位置稍有不同，以及所采用的辅料略有差异。维护时，请仔细查阅维修手册和相关技术资料。下面介绍雪佛兰科鲁兹SGM7166ATC和大众波罗SVW7164BSD车型与丰田卡罗拉车型在车身方面的主要区别。

一、雪佛兰科鲁兹汽车

（1）发动机舱盖释放拉手。

（2）发动机舱盖支撑杆。

（3）直接按压加油口盖前部释放加油口盖。

二、大众波罗汽车

（1）发动机舱盖释放拉手。

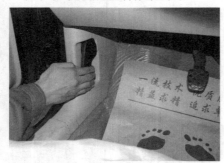

（2）发动机舱盖支撑杆。

（3）直接按压加油口盖前部，加油口盖即自动弹开。

工作页

任务名称	检查车身			序号	2-4
班级		姓名		地点		日期	
任务要求	学习汽车车身知识，制订工作计划，实施检查和维护，从而学会汽车车身的车门、发动机舱盖、行李舱盖、油箱盖及悬架的检查方法					

一、收集信息

1．区分车身结构。

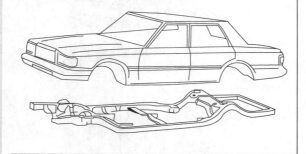
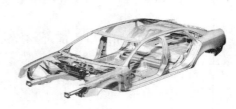

2. 说明加油口盖部件名称及作用。

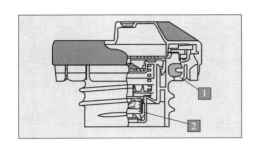

主要部件	作用
1.	
2.	
3. 扭矩限制器	进一步拧紧加油口盖

二、计划决策

成员分工	组号：_____，成员分工：_____
设备工具	卡罗拉汽车、举升机、工具车、车轮挡块、_____
制订计划	
准备工作	检查汽车维护安全环保措施，熟悉布置工作场景

三、实施任务

1. 检查油箱盖密封垫片_____，同时检查真空阀是否_____。
2. 检查扭矩限制器，确保泊箱盖_____。
3. 检查下图中哪些区域的螺栓和螺母有松动。

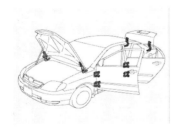

4. 指出下图中示范检查项目名称。

5. 填写作业单。

作 业 单

项 目	作业内容	作业要求	检查结果
准备工作	（1）安放车轮挡块		☐正　常 ☐不正常
	（2）整理保洁3件套		☐正　常 ☐不正常
	（3）解锁车辆		☐正　常 ☐不正常
	（4）安放脚垫		☐正　常 ☐不正常
	（5）安装座椅套		☐正　常 ☐不正常
	（6）安装转向盘套		☐正　常 ☐不正常
	（7）拉动发动机舱盖、行李舱盖和加油口盖释放拉手		☐正　常 ☐不正常
检查车门	检查车门铰接的螺栓和螺母是否松动		☐正　常 ☐不正常
检查发动机舱盖	（1）打开发动机舱盖		☐正　常 ☐不正常
	（2）支撑发动机舱盖		☐正　常 ☐不正常
	（3）安放翼子板布和前格栅布		☐正　常 ☐不正常
	（4）检查发动机舱盖铰接螺栓螺母是否松动		☐正　常 ☐不正常
	（5）收起翼子板布和前格栅布		☐正　常 ☐不正常
	（6）关上发动机舱盖		☐正　常 ☐不正常
检查行李舱盖	（1）打开行李舱盖		☐正　常 ☐不正常
	（2）检查行李舱盖的铰接螺栓和螺母是否松动		☐正　常 ☐不正常
检查加油口盖	（1）检查是否变形或损坏		☐正　常 ☐不正常
	（2）检查连接和工作状况		☐正　常 ☐不正常
检查悬架	（1）检查车身左右是否倾斜		☐正　常 ☐不正常
	（2）检查减振器的阻尼状态		☐正　常 ☐不正常
6S	（1）收起驾驶室内保洁3件套：转向盘套、座椅套和脚垫		☐正　常 ☐不正常
	（2）升起车窗玻璃		☐正　常 ☐不正常
	（3）清洁和整理		☐正　常 ☐不正常

四、检查质量
检查工作计划、记录内容。检查工位复位：_____

_____。

五、评价反思
在教师的指导下，反思自己的工作方式和工作成果。

评 价 表

能力目标	观 察 点	自 评	互 评	技 术 要 求
基本职业能力	检查车门	□合　格 □不合格	□合　格 □不合格	车门螺栓螺母无松动，力矩符合厂家规定
	检查发动机舱盖	□合　格 □不合格	□合　格 □不合格	无变形，紧固牢靠
	检查油箱盖	□合　格 □不合格	□合　格 □不合格	无变形、无损坏，连接正常
	清洁、复位设备和工具等	□合　格 □不合格	□合　格 □不合格	6S要求
关键能力	正确查阅维修资料和学习材料	□合　格 □不合格	□合　格 □不合格	适应职业岗位
	合作默契，交流顺畅	□合　格 □不合格	□合　格 □不合格	
个人反思		完成车身检查任务的安全、质量、时间和6S管理要求情况，是否达到最佳水平，请自己思考并提出改进建议		
教师评价	教师签字： 日　　期：	成　　绩		
		□合　格　　□不合格		

任务 5 检查油液

学 时

4学时

作业场景

（1）作业项目场景如图所示。

检查油液作业场景

（2）实训设备和工具见表2-5。

实训设备和工具　　　　　　　　　　　　　　　　　　表2-5

序　号	名　称	型号或规格	数量/工位
1	丰田卡罗拉汽车	GL 1.6AT	1辆
2	保洁3件套	—	1套
3	风窗玻璃清洗液	—	若干
4	发动机冷却液	丰田专用	若干
5	发动机机油	丰田专用	若干
6	制动液	丰田专用	若干
7	自动变速器液压油（ATF）	丰田专用	若干

作业安全

（1）在检查过程中晃动液体储液罐时，不允许幅度过大和用力过猛，以免损伤储液罐零部件。

（2）在检查中，应避免皮肤直接接触油液，若误接触到油液，则立即用清水稀释后清洗。

 学习目标

（1）能认清车辆中所使用的各类液体。
（2）掌握各类液体的检查方法。

 任务实施

发动机舱内有各类油液，它们为发动机及其他系统的正常运转起到关键作用。

 认识各类油液所在位置

（1）风窗玻璃清洗液。
（2）发动机冷却液。
（3）发动机机油。
（4）制动液。
（5）自动变速器液压油（ATF）。

二　检查各类油液

1　检查风窗玻璃清洗液液位

风窗玻璃清洗液一般在发动机舱的外围，在储液罐口标有"WASHER FLUID ONLY"字样及刮水器标志。

风窗玻璃清洗液主要用于清洗前风窗玻璃上的灰尘等污垢。

 提示

经常开启刮水器将消耗风窗玻璃清洗液，需进行经常检查与补充。

 环保

由于风窗玻璃清洗液是化学制剂，切勿直接排入自然环境中。

打开风窗玻璃清洗液储液罐盖，抽出液位尺，液位应在刻度"LOW"与"FULL"之间。

 提示

由于风窗玻璃清洗液近于透明色，观察时可将液位尺朝向光线明亮处。

项目二　实施汽车二级维护基本作业

61

若风窗玻璃清洗液液位不足，须立即补充。否则有可能在后期使用中导致风窗玻璃清洗器电动机烧损。

添加时使用配置好的专用风窗玻璃清洗液。若加水将会减弱其清洁能力、降低冰点、不易挥发。

安全

温度较低时不可添加除清洗液外的其他液体，以免液体凝固后，造成储液罐胀裂；极端情况将造成喷洗液电动机损坏。

② 发动机冷却液

发动机冷却系统的作用是使发动机的温度保持恒定，其中的冷却介质就是发动机冷却液。同时加热后的冷却液可以给车厢内供暖。

发动机冷却液在长期使用中会因蒸发及泄漏而减少，从而使发动机温度过热。

有两种颜色的长效发动机冷却液：红色和绿色。两者成分几乎相同。

（1）检查液位。观察储液罐旁的刻度，冷却液的平面应在"FULL"与"LOW"之间。

若冷却液液位偏低应立即添加同型号的冷却液。

环保

由于冷却液是化学制剂，切勿直接排入自然环境中。

在散热器冷却时检查冷却液液位，因为如果散热器发热，冷却液热胀将会是高液位。

（2）检查是否从散热器泄漏。散热器的管壁很薄，容易出现裂缝。直接碰撞、热胀冷缩、压力过高等情况都有可能造成散热器处冷却液的泄漏。

同时检查各处的夹箍安装是否松动。

 参考

检查冷却系泄漏时，可以利用灯光照射后是否有液体的反光进行判别。

（3）检查橡胶软管是否泄漏。受温度升高影响，橡胶软管长期使用会老化，容易起裂纹而泄漏。

同时检查各处的橡胶软管有无裂纹、凸起和硬化、橡胶软管的连接有无松动。

（4）检查软管夹周围是否泄漏。在安装卡箍时，其边缘有可能割裂橡胶软管而产生泄漏，观察各管路接口处的卡箍旁是否有冷却液渗漏的痕迹。

（5）检查补偿散热器盖是否泄漏。检查补偿散热器盖是否安装牢固，有无冷却液泄漏。

 安全

检查时，必须避免直接接触管路和液体，防止伤害皮肤。

 提示

由于卡罗拉汽车的散热器是密闭式，无散热器盖，故此处检查加注冷却液的补偿散热器盖。

3 机油

机油用以润滑发动机内各相互运动的零部件，同时起到冷却、清洗、防锈、密封作用。

受发动机工作条件的影响，长期使用的机油会氧化变质，在清除发动机内的污垢后，机油会变浑浊。所以要定期检查及更换机油。

 环保

由于机油为提炼及合成油液，切勿直

接排入自然环境中。

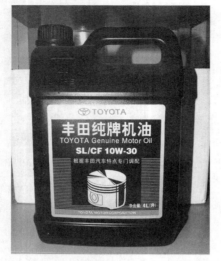

（1）检查机油液位：先将液位尺擦干净，放回到机油液位尺管内并停留下，然后取出。观察液位在液位尺上的刻度，应在"FULL"至"LOW"之间。

液位应当在发动机正常工作温度下检查，机油温度应为75℃±5℃。

卡罗拉液位尺用2个圆点标出机油液位的上下界限。

在观察机油刻度时，也可将液位尺竖直，观察机油的流动性能，同时检查机油颜色。

（2）若液位偏低，则检查发动机前后油封处有无机油渗漏、油底壳排放塞处有无漏油，然后补足机油。

检查时，必须避免直接接触油底壳和排放塞，防止伤害皮肤。

发动机在正常工作时也会消耗一些机油，而使液位偏低。

添加机油时请参考用户手册，了解所适用的机油，不可混用不同牌号的机油。

更换机油间隔期随车型和使用状况而不同，请参照使用手册定期更换。

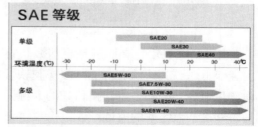

④ 制动液

制动液作为制动系统中的力传递工作介质。

制动液具有吸水性，长期使用后制动液内会含有较多水分。长期制动时制动液变热，有可能使水分形成气泡，使制动效能下降，影响汽车行驶安全。

制动液有保质期，使用前注意检查生产日期。

一般车辆每行驶里程4000km或行驶2年进行更换制动液。

由于制动液是化学制剂，切勿直接排入自然环境中。

（1）检查制动液液位。液位应该在储液罐的MAX至MIN两个刻度之间。

制动液液位下降的原因一般有：制动器摩擦片和制动衬片的磨损而导致液位下降；制动液从液压制动系统中泄漏而降低液位。

（2）检查主缸有无制动液泄漏。制动液储液罐与主缸间有时会出现泄漏，导致制动液缺少甚至进空气，而影响制动效果。

（3）检查制动器管和软管是否有裂纹和损坏。

（4）检查制动器管和软管的安装状况。

（5）检查管路有无制动液泄漏。如果制动软管老化和损坏，例如裂纹和凸起，制动液会泄漏，制动器不能正常工作。

检查时注意皮肤刮伤，同时避免制动液接触皮肤。

制动软管应当定期检查。车辆每行驶里程2000km或行驶1年检查1次制动软管。

5 自动变速器油

自动变速器油用于自动变速器中，是传递力的工作介质，一般简称ATF。

自动变速器油在自动变速器中长期工作后，容易变质。如果不更换自动变速器油，容易导致换挡时的冲击变大、燃油经济性变差、变速器发出异常噪声等。

根据行驶里程和时间长短进行检查/更换，一般为每80000km或4年进行更换。

由于自动变速器油为提炼及合成油液，切勿直接排入自然环境中。

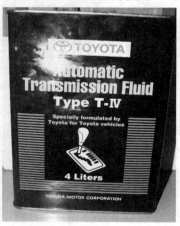

检查自动变速器油液位：

发动机怠速时，按照从P位到L位的顺序转换变速杆，然后再从L位到P位拉回，使自动变速器油在内部充分流动。

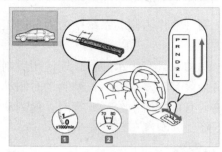

检查液位尺（油尺）读数是否在2个缺口所标示出的HOT范围内。

自动变速器油液位检查应当在自动变速器正常运行的条件下进行，自动变速器油油温应为75℃±5℃。

当液位较低时，检查自动变速器油油温并且在补充变速器油之前检查渗漏。

检查后，带有残液的抹布应丢弃在不可回收垃圾箱内，避免造成环境污染。

实训安排

一 独立学习

单人按照上述操作步骤独立完成学习任务。可按方向顺序依次检查，也可按检查方式的不同，先进行只需目视检查的项目，再检查需动手操作的项目。

二 合作学习

双人小组学习，每个工位为一个小组，成员有操作员A和操作员B，A和B的分工主要以检查内容在发动机舱的位置来确定。具体配合如下：

A 负责检查喷洗液液位、冷却液液位及机油液位；

B 同时检查制动液液位及自动变速器油油位。

 拓展学习

不同的车型，其发动机舱内各元件结构位置稍有不同，维护时，请仔细查阅维修手册和相关技术资料。下面介绍雪佛兰科鲁兹SGM7166ATC和大众波罗SVW7164BSD车型与丰田卡罗拉车型在检查油液方面的主要区别。

一 雪佛兰科鲁兹汽车

（1）科鲁兹车发动机舱布置形式及机油液位尺位置。

（2）制动液储液罐、冷却液补偿罐、喷洗液储液罐位置。

二 大众波罗汽车

（1）波罗汽车发动机舱布置形式。

（2）冷却液补偿散热器，有明显液位上下界限标志。

67

（3）制动液储液罐，有明显液位上下界限标志。

（4）喷洗液储液罐。

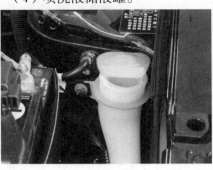

工作页

任务名称	检查油液			序号	2-5
班级		姓名		地点		日期	
任务要求	学习油液知识，制订工作计划，实施检查和维护，从而学会汽车各类油液的检查和添加更换方法				

一、收集信息

1. 喷洗液。

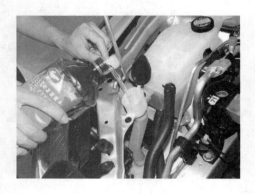

喷洗液区别于普通清洁剂的特点是：_____
_____
_____。

_____（是/否）可以用家用清洁剂代替。

2. 冷却液。
冷却液在长期使用中会因蒸发或泄漏而减少，不进行添加会使发动机温度过热。

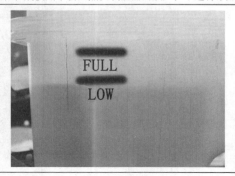

观察储液罐旁的刻度。冷却液的平面应在_____之间。

导致冷却液液位较低的原因可能是：
（1）发动机较热，蒸发较快。
（2）_____。
（3）_____。

导致冷却液泄漏的原因可能是：
（1）管路卡扣处较松有泄漏。
（2）_____
_____。
（3）_____
_____。

3. 发动机机油。
发动机机油用以润滑发动机内各相互运动的零部件，同时起到冷却、清洗、防锈、密封作用。

导致机油量缺少的原因可能是：
（1）油底壳排放塞滑牙。
（2）_____
_____。
（3）_____
_____。

4. 制动液。
制动液作为制动系统中的力传递工作介质。制动液具有吸水性，长期使用后制动液将会吸收较多水分。在长期制动时，热量将使水分沸腾形成气泡，使制动效能下降。

导致制动液缺少的原因可能是：
（1）管路破损导致。
（2）_____
_____。
（3）_____
_____。

二、计划决策

成员分工	组号：_____，成员分工：_____
设备工具	卡罗拉汽车、举升机、工具车、车轮挡块、_____
制订计划	
准备工作	检查安全环保措施，熟悉布置工作场景

三、实施任务

1. 常用的冷却液有两种颜色：_____ 和 _____。
2. 喷洗液除具有清洁作用外应该还具备_____特性。

3. 机油的更换周期是根据_____和_____。
4. 制动液液位不足时除补充液体外，还应检查_____。
5. 检查自动变速器油。

检查自动变速器油油位时，按要求进行挂挡后检查，这样做的目的是：
_____
_____
_____
_____。

6. 填写作业单。

作 业 单

项 目	作业内容	作业要求	检查结果
认识各类油液所在位置	（1）找到喷洗液加注口		□正　常 □不正常
	（2）找到冷却液加注口		□正　常 □不正常
	（3）找到发动机机油尺和加注口		□正　常 □不正常
	（4）找到制动液加注口		□正　常 □不正常
	（5）找到自动变速器油标尺和加注口		□正　常 □不正常
检查喷洗液	检查喷洗液液位		□正　常 □不正常
检查冷却液	（1）检查冷却液液位		□正　常 □不正常
	（2）检查散热器有无泄漏		□正　常 □不正常
	（3）检查橡胶软管有无泄漏		□正　常 □不正常
	（4）检查橡胶软管有无裂纹、凸起和硬化		□正　常 □不正常
	（5）检查橡胶软管连接有无松动		□正　常 □不正常
	（6）检查软管夹周围有无泄漏		□正　常 □不正常
	（7）检查夹箍是否松动		□正　常 □不正常
	（8）检查散热器盖有无泄漏		□正　常 □不正常

项 目	作业内容	作业要求	检查结果
检查机油	（1）检查机油油位		□正　常 □不正常
	（2）检查机油颜色		□正　常 □不正常
检查制动液	（1）检查制动液液位		□正　常 □不正常
	（2）检查主缸有无制动液泄漏		□正　常 □不正常
	（3）检查制动器管和软管有无裂纹和损坏		□正　常 □不正常
	（4）检查制动器管和软管的安装状况		□正　常 □不正常
	（5）检查制动管路有无制动液泄漏		□正　常 □不正常
检查自动变速器油	（1）检查自动变速器油油位		□正　常 □不正常
	（2）检查自动变速器油颜色		□正　常 □不正常

四、检查质量
检查工作计划、记录内容，检查工位复位：_____
_____。

五、评价反思
在教师的指导下，反思自己的工作方式和工作成果。

评 价 表

能力目标	观察点	自评	互评	技术要求
基本职业能力	检查冷却液	□合　格 □不合格	□合　格 □不合格	符合出厂规定，管路无泄漏，无破损
	检查机油	□合　格 □不合格	□合　格 □不合格	油位符合厂家规定，管路无泄漏，无破损
	检查制动液	□合　格 □不合格	□合　格 □不合格	液位符合厂家规定，管路无泄漏，无破损
	检查自动变速器油	□合　格 □不合格	□合　格 □不合格	油位符合出厂规定，管路无泄漏，无破损
	清洁、复位设备和工具等	□合　格 □不合格	□合　格 □不合格	6S要求
关键能力	正确查阅维修资料和学习材料	□合　格 □不合格	□合　格 □不合格	适应职业岗位
	合作默契，交流顺畅	□合　格 □不合格	□合　格 □不合格	
个人反思				完成任务的安全、质量、时间和6S要求，是否达到最佳水平，请自己思考并提出改进建议
教师评价	教师签字： 日　　期：		成　绩 □合　格　□不合格	

项目二　实施汽车二级维护基本作业

任务 6 检查蓄电池

学　时

4学时

作业场景

（1）作业项目场景如图所示。

检查蓄电池作业场景

检查蓄电池实训场景

（2）实训设备和工具见表2-6。

实训设备和工具　　　　　　　　　表2-6

序　号	名　　称	型号或规格	数量/工位
1	丰田卡罗拉汽车	GL 1.6AT	1辆
2	前格栅布、翼子板布	—	1套
3	蓄电池		1只
4	蓄电池相对密度计	—	1只
5	世达工具车	95109	1辆
6	世达工具车	95111	1辆
7	世达梅花扳手	41203	1把

 作业安全

（1）蓄电池的电解液具有腐蚀性，操作时不允许接触皮肤或车辆。

（2）拆装时注意避免金属工具将蓄电池正极与车身直接接触，而产生放电现象。

（3）蓄电池相对密度计使用前后注意清洁，避免蓄电池电解液对其造成污染，而影响读数或导致蓄电池相对密度计腐蚀损坏。

 学习目标

（1）掌握蓄电池的拆装方法。

（2）学会测量蓄电池电解液相对密度。

（3）掌握加注蓄电池电解液的方法。

 任务实施

蓄电池在汽车中主要作用是起动发动机，为车辆电气设备提供电力并储存电力。

 一　认识蓄电池

车辆中使用的蓄电池主要有铅酸蓄电池和免维护蓄电池两种。卡罗拉GL 1.6AT汽车使用普通铅酸蓄电池。

二 准备工作

（1）开起发动机舱盖。
（2）安放翼子板布及前格栅布。

三 检查蓄电池

1 电解液液位

电解液液位应在上下刻度之间，即UPPER LEVEL与LOWER LEVEL之间。

 提示

如果很难确定电解液液位，可以轻轻摇晃蓄电池壳体检查。

若电解液不足，则需添加。可使用配好的电解液进行加注，至上下刻度线之间即可。

 注意

电解液有一定的腐蚀性，请勿与车辆及人体皮肤接触。

2 外观检查

长期使用蓄电池会出现老化损伤，其检查内容包括：

（1）检查蓄电池壳体是否有裂纹或者渗漏。
（2）检查蓄电池端子是否腐蚀。
（3）检查蓄电池端子导线是否松动。

3 通风孔塞检查

将通风孔塞拧出，并检查通风孔塞是否完好，有无损坏。检查通风孔有无堵塞。

 安全

取出通风孔塞时，避免皮肤接触电解液。

通风孔塞内部采用迷宫式设计,保证通气并防止液体溅出。

④ 测量电解液相对密度

用相对密度计自带的吸管,取一滴电解液,滴在测量镜上,放下透明挡片,进行读数。

①在使用相对密度计前,应用蒸馏水清洁测量镜表面,再用抹布清洁。

②电解液应滴在测量镜的中间段,以免电解液漏出,损伤相对密度计外部壳体及塑料挡板。

电解液相对密度计的视窗显示有3列刻度。从左向右分别指示的是电解液相对密度、冷却液冰点、喷洗液冰点。

相对密度计读取方法:

读取颜色分界线在刻度线上所指示的数值。

例:相对密度读数为1.17。

所有单元的相对密度是否在1.250~1.280之间。确保各单元之间的相对密度偏差小于0.025。

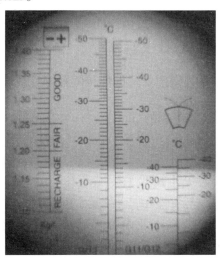

蓄电池电解液的相对密度20℃时应为1.28。电解液的相对密度随温度变化而变化,当电解液温度每升高1℃时,相对密度降低0.0007,电解液温度降低1℃时,相对密度上升0.0007,故测定相对密度必须换算成标准温度20℃时的相对密度值。

摄氏测量:
$S_{20}(℃)=S_t+0.0007×(t-20)$
华氏测量:
$S_{68}(°F)=S_t+0.0004×(t-68)$
式中:S_{20}——20℃时的相对密度;
$S_{68}(°F)$——68°F时的相对密度;
S_t——相对密度的测量值;
t——当测量相对密度时电解液的温度。

四 结束作业

清洗相对密度计,并将通风孔塞安装到位。将车辆恢复为初始状态,做好6S。

环保

①将沾有电解液的抹布按废弃物处理,丢弃在不可回收垃圾箱内。

②电解液不能排入地下水道。

实训安排

一 独立学习

单人按照上述操作步骤独立完成学习任务。

二 合作学习

双人小组学习,每个工位为一个小组,成员有操作员A和操作员B,A和B的分工主要以作业内容来确定,具体配合如下:

A 检查电解液液位、蓄电池壳体有无损坏、蓄电池端子有无腐蚀、蓄电池端子导线有无松动、通风孔塞有无损坏、通风孔有无堵塞;

B 检查电解液相对密度。

拓展学习

不同的车型使用的蓄电池类型不同,在汽车上安放的位置也稍有区别。除了本任务所介绍的铅酸蓄电池外,下面介绍其他车型所使用免维护蓄电池的区别。

(1)免维护蓄电池在顶部装有蓄电池指示器。

（2）蓄电池指示器通过不同颜色指示出当前电解液液位和电解液相对密度状况。

①蓝色：正常；

②红色：电解液液位不足；

③白色：需要充电。

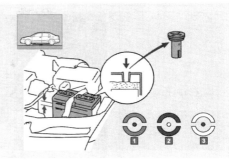

工作页

任务名称		检查蓄电池			序号	2-6
班级		姓名		地点	日期	
任务要求		学习蓄电池相关知识，制订工作计划，实施检查和维护，从而学会检查汽车蓄电池的方法				

一、收集信息

蓄电池的相关信息如下。

蓄电池的类型为：
_____。

蓄电池的规格为：
_____。

蓄电池电量观察窗信息：
_____。

二、计划决策

成员分工	组号：_____，成员分工：_____
设备工具	卡罗拉汽车、举升机、工具车、车轮挡块、_____
制订计划	
准备工作	检查安全环保措施，熟悉布置工作场景

三、实施任务

1. 蓄电池正常电压范围是_____。
2. 蓄电池内的电解液是稀释的_____，具有腐蚀性。
3. 通风孔塞的作用是_____。
4. 检查以下内容。

检查通风孔塞	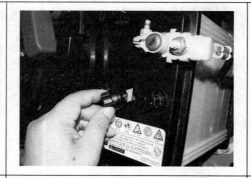	将通风孔塞拧出，并检查通风孔塞：_____。对着_____检查是否堵塞。	
检查密度		用_____取一滴_____，滴在_____上，放下透明挡片，进行读数。	
检查电解液相对密度	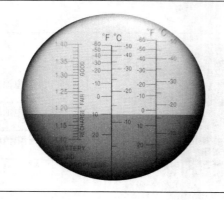	相对密度计的视窗显示有三列刻度，从左向右分别表示：_____。相对密度计读数为：_____。	

5. 填写作业单。

作 业 单

项　　目	作业内容	作业要求	检查结果	测量值
准备工作	放置翼子板布、前格栅布		□正　常 □不正常	—
检查蓄电池液位	检查电解液液位		□正　常 □不正常	—
蓄电池外观检查	（1）检查蓄电池壳体有无损坏		□正　常 □不正常	—
	（2）检查端子有无腐蚀、导线有无松动		□正　常 □不正常	—
	（3）检查通风孔塞有无损坏、有无堵塞		□正　常 □不正常	—

项　　目	作业内容	作业要求	检查结果	测量值
测量电解液	（1）清洁校准相对密度计		□正　常 □不正常	—
	（2）测量电解液相对密度		□正　常 □不正常	
	（3）清洁相对密度计		□正　常 □不正常	—
6S	操作过程中注意6S实施		□正　常 □不正常	—

四、检查质量

检查工作计划、记录内容，检查工位复位：_____
_____。

五、评价反思

在教师的指导下，反思自己的工作方式和工作成果。

评 价 表

能力目标	观　察　点	自　评	互　评	技 术 要 求
基本职业能力	检查蓄电池外观	□合　格 □不合格	□合　格 □不合格	蓄电池壳体完好
	检查蓄电池液位	□合　格 □不合格	□合　格 □不合格	液面高度符合厂家规定
	检查蓄电池端子	□合　格 □不合格	□合　格 □不合格	蓄电池端子无腐蚀、无松动
	检查蓄电池通风孔塞	□合　格 □不合格	□合　格 □不合格	通风孔塞无堵塞
	清洁、复位设备和工具等	□合　格 □不合格	□合　格 □不合格	6S要求
关键能力	正确查阅维修资料和学习材料	□合　格 □不合格	□合　格 □不合格	适应职业岗位
	合作默契，交流顺畅	□合　格 □不合格	□合　格 □不合格	
个人反思				完成任务的安全、质量、时间和6S要求，是否达到最佳水平，请自己思考并提出改进建议
教师评价	教师签字： 日　　期：			成　　绩 □合　格　□不合格

项目二　实施汽车二级维护基本作业

任务 7 检查火花塞

  学　时

4学时

 作业场景

（1）作业项目场景及工量具如图所示。

检查火花塞作业场景

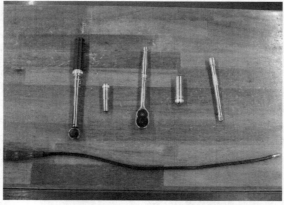

检查火花塞使用的工量具

（2）实训设备和工具见表2-7。

实训设备和工具　　　　　　　　　　　　表2-7

序号	名称	型号或规格	数量/工位
1	丰田卡罗拉汽车	GL 1.6AT	1辆
2	火花塞间隙规	—	1只
3	前格栅布、翼子板布	—	1套
4	世达棘轮扳手	13902	1只
5	世达套筒	13401	1只
6	长接杆	13904	1只
7	火花塞专用套筒	14mm	1只
8	世达预置式扭力扳手	96212　5~25N·m	1只
9	磁性吸棒	—	1根

  作业安全

（1）拆装工具必须连接牢固，避免火花塞套筒掉入内部。
（2）避免将火花塞套筒撞击汽缸盖。
（3）火花塞拆卸后，避免灰尘等杂物进入燃烧室。
（4）取出火花塞后，避免将其掉落，损坏火花塞。

  学习目标

（1）认识火花塞的基本作用和特点。
（2）学会更换和检查火花塞的方法。

  任务实施

汽油发动机使用火花塞点燃混合气，频繁点火使火花塞产生一些损耗，而影响火花能量，需要定期进行检查。

 认识火花塞

（1）火花塞的功用：在燃烧室内产生火花，点燃混合气产生动力；密封火花塞孔，以维持汽缸内的压力。

 参考

火花塞主要品牌有：德国的博世（BOSCH）、日本的电装（DENSO）、日本NGK等。

（2）更换火花塞。如果火花塞没有及时更换，旧火花塞电极的边角磨损，火花塞间隙将增大，使燃油经济性变差，输出动力下降。

提示

通常火花塞使用寿命为1.5万km，长效火花塞使用寿命为3万km。

二、拆卸火花塞

（1）打开发动机舱盖，安装翼子板布和前格栅布。

（2）拔下点火线圈插头。

掌握操作力度的大小，避免损坏插头。

（3）使用小号棘轮扳手加10mm套筒拆卸点火线圈总成固定螺母。

（4）拔出点火线圈总成，并妥善摆放好。

掌握操作力度的大小，避免用力过大使手背与发动机舱碰撞。注意保护点火线圈总成，勿弯曲。

（5）选择棘轮扳手和14mm套筒拆卸火花塞。

拆装时仔细操作，避免将火花塞套筒撞击汽缸盖。

（6）用磁性吸棒取出火花塞。

取出火花塞后，注意避免将其掉落，砸坏火花塞或碰伤火花塞座孔。

由于没有卡罗拉汽车 14mm 专用火花塞套筒，故采用磁性吸棒取出火花塞这种方式。

蚀、端子有无松动或磨损、金属体有无锈蚀或断裂、密封圈有无损坏及螺纹是否有损伤等。

四 测量火花塞间隙

用火花塞间隙规测量火花塞电极与侧电极的间隙。

若间隙不符合使用要求，可用火花塞间隙规调整。

火花塞允许的电极间隙最大为 1.3mm，若间隙超过最大值，则更换火花塞。新的火花塞电极间隙应为 1.0~1.1mm。

调整间隙时不要让火花塞间隙规和绝缘体接触，确保绝缘体不破裂。

三 检查火花塞

（1）检查电极磨损状态。

检查火花塞电极边缘是否完全磨损掉或者变圆。

（2）检查火花塞是否损坏。

检查绝缘体是否有裂纹、端子有无腐

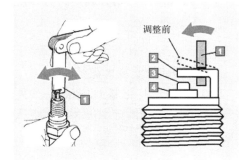

五 安装火花塞

用预置式力矩扳手、长接杆和 14mm 套筒，安装火花塞，紧固力矩为 18 N·m。

掌握操作力度的大小，避免损坏点火装置。

项目二 实施汽车二级维护基本作业

六　安装点火组件

用预置式力矩扳手和10mm套筒安装点火组件，设置力矩为10N·m。

最后做清洁整理工作。

废弃火花塞具有较多有害物质，应按废弃物处理规定进行收集。

实训安排

 一　独立学习

单人按照上述操作步骤独立完成学习任务。

二　合作学习

双人小组学习，每个工位为一个小组，成员有操作员A和操作员B，A和B的分工主要以工作任务划分确定，具体配合如下：

　　A 负责拆卸点火线圈固定螺栓和拔出点火线圈；
　　B 负责拆卸插头和接过点火线圈摆放好。

A负责拆卸和安装火花塞；
B检查每个火花塞并安装各点火线圈、紧固点火线圈固定螺母和连接点火线圈插头。

拓展学习

虽然不同的车型使用火花塞类型不相同，但检查方式都一样。维护时，请仔细查阅维修手册和相关技术资料。下面介绍雪佛兰科鲁兹SGM7166ATC汽车和大众波罗SVW7164BSD汽车与丰田卡罗拉汽车在拆装火花塞方面的主要区别。

一 雪佛兰科鲁兹汽车

（1）拆下装饰板。

（2）脱开右侧点火模块插头，拆卸固定螺栓，其紧固力矩为8 N·m。

（3）取下点火线圈组。

（4）用棘轮扳手、长接杆和16mm火花塞套筒拆卸并取出火花塞。

检查后，用预置式扭力扳手紧固，力矩为25N·m。

二 大众波罗汽车

（1）拆卸发动机装饰罩后，拔出点火线圈插头。

提示

插头线束有专用固定夹，可将塑料扣打开，取出线束后再拔出插头。

（2）拔出点火线圈总成。

安全

可以直接拔出，但由于装配较紧，须掌握操作力度的大小，避免损坏点火线圈。

（3）使用中棘轮扳手、长接杆和16mm火花塞套筒拆卸并取出火花塞。

查阅相关手册确定力矩值。

工作页

任务名称	检查火花塞			序号	2-7
班级		姓名	地点	日期	
任务要求	学习火花塞相关知识，制订工作计划，实施检查和维护，从而学会更换和检查火花塞的方法				

一、收集信息

1. 火花塞的功用：在燃烧室内产生火花，点燃混合气，产生动力；密封火花塞孔以维持汽缸内的压力。填写以下零件的名称。

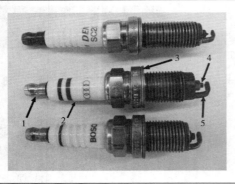

序号	名称
1	
2	
3	
4	
5	

2. 安装火花塞，补充操作步骤。

安装事项

用＿＿＿＿＿＿＿＿＿＿＿＿＿＿＿＿＿＿＿＿安装火花塞。

紧固力矩为＿＿＿＿＿＿＿＿。

用＿＿＿＿＿＿＿＿安装点火组件，紧固力矩为＿＿＿＿＿＿。

二、计划决策

成员分工	组号：_____，成员分工：_____
设备工具	卡罗拉轿车、举升机、工具车、车轮挡块、_____
制订计划	
准备工作	检查安全环保措施，熟悉布置工作场景

三、实施任务

1. 火花塞安装位置在_____。
2. 拆卸火花塞。

操作步骤

拔下点火线圈接插头，使用_____拆卸点火线圈总成固定螺母

3. 检查火花塞。

检查内容

检查火花塞_____是否完全磨掉或者变圆。

检查_____是否有裂纹、_____有无腐蚀、_____有无松动或磨损、_____有无锈蚀或断裂、_____圈有无损坏及螺纹是否有损伤等

4. 检查电极间隙。

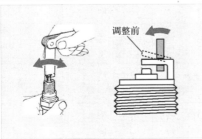

使用_____测量火花塞电极与侧电极的间隙。

火花塞允许的电极间隙最大为_____mm

5. 填写作业单。

作 业 单

项 目	作业内容	作业要求	检查结果	测量值
准备工作	（1）打开发动机舱盖		□正　常 □不正常	—
	（2）安装前格栅布、翼子板布		□正　常 □不正常	—
拆卸火花塞	（1）拆卸高压线及点火线圈总成		□正　常 □不正常	
	（2）用棘轮扳手加14mm套筒旋松火花塞		□正　常 □不正常	
	（3）用磁性吸棒取出火花塞		□正　常 □不正常	
检查火花塞	（1）检查火花塞电极磨损状态是否正常		□正　常 □不正常	
	（2）检查火花塞是否损坏		□正　常 □不正常	
	（3）测量火花塞间隙		□正　常 □不正常	
安装火花塞	（1）安装火花塞		□正　常 □不正常	
	（2）安装点火线圈总成		□正　常 □不正常	
6S	操作过程中注意6S实施		□正　常 □不正常	—

四、检查质量
检查工作计划、记录内容，检查工位复位：_____
_____。

五、评价反思
在教师的指导下，反思自己的工作方式和工作成果。

评 价 表

能力目标	观 察 点	自　评	互　评	技术要求
基本职业能力	用专用工具拆装火花塞	□合　格 □不合格	□合　格 □不合格	拆装过程符合技术规定
	检查火花塞电极表面	□合　格 □不合格	□合　格 □不合格	电极表面无积炭、无烧蚀
	检查火花塞电极间隙	□合　格 □不合格	□合　格 □不合格	电极间隙值符合厂家规定
	清洁、复位设备和工具等	□合　格 □不合格	□合　格 □不合格	6S要求

能力目标	观 察 点	自 评	互 评	技术要求
关键能力	正确查阅维修资料和学习材料	□合　格 □不合格	□合　格 □不合格	适应职业岗位
	合作默契，交沇顺畅	□合　格 □不合格	□合　格 □不合格	
个人反思		完成任务的安全、质量、时间和6S要求，是否达到最佳水平，请自己思考并提出改进建议		
教师评价	教师签字： 日　　期：	成　　绩		
		□合　格　　□不合格		

任务 8 检查灯光

学 时

6学时

作业场景

（1）作业项目场景如图所示。

检查灯光作业场景

（2）实训设备和工具见表2-8。

实训设备和工具　　　　　　　　　　表2-8

序　号	名　　称	型号或规格	数量/工位
1	丰田卡罗拉汽车	GL 1.6AT	1辆
2	前格栅布、翼子板布	—	1套

作业安全

（1）在操作灯光控制杆时，避免用力过大损伤组合开关。

（2）检查灯光时可以不起动发动机，但要避免长时间使用前照灯，防止蓄电池过放电。若要起动，挡位置于空挡或P挡，并放置车辆挡块，同时注意车辆前后无人员。

 学习目标

（1）能分辨各种灯光，会操作各种灯光开关。

（2）采用双人合作检查，配合熟练默契。

 任务实施

灯光在汽车中起到照明作用，同时也作为信号传达驾驶人的意图，用以车辆间的示意和警告。

一 认识灯光系统

1 灯光的控制开关

在转向盘左下侧的一个控制杆为变光器开关总成，它控制汽车主要的照明信号灯。

变光器开关总成上有2个灯光控制开关，前一个为前照灯控制开关，后一个为雾灯控制开关。

2 仪表信号及照明

在组合仪表上，有各类信号指示灯。在点火开关接通时各仪表指示灯点亮并按设定熄灭，用以提示驾驶人车辆的相关系统工作状态。

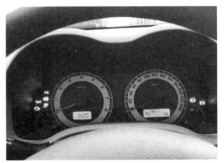

3 常见的信号指示灯

（1）制动系统警告灯：

驻车制动器操纵杆被拉起时被点亮，放下则熄灭；

制动液液位降低时，被点亮；

EBD系统存在故障时，被点亮。

(2)座椅安全带提示灯:
座椅安全带没有系紧时被点亮。

(3)充放电警告灯:
充电系统在某处存在故障时被点亮。

(4)故障指示灯:
发动机控制系统或变速器控制系统存在故障时被点亮。

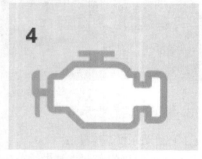

(5)低燃油液位警告灯:
燃油箱中的燃油接近用完时被点亮。

(6)发动机机油低压警告灯:
发动机机油的压力降低被点亮。

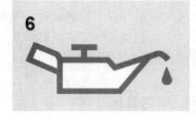

(7)ABS警告灯:
ABS存在故障时被点亮。

(8)开门警告灯:
车门未完全关闭时被点亮。

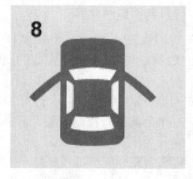

(9)SRS警告灯:
SRS空气囊系统存在故障时被点亮。

二、车辆准备

（1）安装3件套。
（2）安装车轮挡块。

三、检查组合仪表警告灯

将点火开关转到 ON，检查所有的警告是否灯亮。

系统自检完毕后将会熄灭相应指示灯。在发动机起动后，检查所有的警告灯是否正常熄灭。

 有些因型号不同，警告灯熄灭方式也不同，按使用手册检查。

起动发动机前，挡位置于空挡或 P 挡，并放置车辆挡块，同时注意车辆前后无人员。

四、检查前照灯

1 灯光控制一挡

点火开关旋至ON后，将灯光控制开关旋至一挡，然后检查下列车灯是否亮起：仪表板灯、示宽灯、牌照灯、尾灯。

（1）仪表板灯：仪表板灯用于在夜间及光线昏暗的场合下，突出显示仪表板上所反映的信息。

（2）示宽灯：示宽灯主要是用于在夜晚的时候，表明车辆的存在及车体宽度。

（3）牌照灯：牌照灯用于照亮车辆

牌照，便于识别。

（4）尾灯：尾灯用于对尾随车辆起警示作用。

② 近光灯

灯光控制开关旋至二挡后，近光灯点亮。

③ 远光灯

将灯光控制杆向下拨一格，此时检查远光灯及指示灯是否点亮。

④ 前照灯变光

将变光器开关向前拉（向转向盘方向提起），此时前照灯闪光器及指示灯点亮。

变光器开关能自动回位，切勿用手回位，避免损坏开关。

五　检查前雾灯

在点火开关旋至ON状态下，将雾灯控制开关旋至一挡，前雾灯点亮。

六　后雾灯

在点火开关旋至ON状态下，将雾灯控制开关旋至二挡，后雾灯点亮。

提示

卡罗拉汽车只有左侧一只后雾灯。

七　检查转向信号灯

① 左转向信号灯

将变光器开关逆时针方向拨一格，左转向信号灯及指示灯应点亮。

② 右转向信号灯

将变光器开关顺时针方向拨一格，右转向信号灯及指示灯应闪烁。

提示

当变光器开关处于左或右转向信号灯位置时，顺时针或逆时针方向转动转向盘约90°时，变光器开关应能回到原位，转向信号灯及指示灯熄灭。

 安全

变光器开关能自动回位，切勿用手回位，避免损坏开关。

八　危险警告灯

按下危险警告灯按钮，车辆的左右转向信号灯及指示灯将同时闪烁。

九　检查制动指示灯

当遇到障碍或需要减速停车时，踩下制动踏板，此时制动灯及指示灯将点亮。松开制动踏板，制动指示灯熄灭。

十　检查倒车灯

将变速器变速杆拨至倒挡，倒车灯及

指示灯将点亮,并伴有警示声。

关闭时顶灯熄灭。

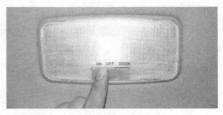

 注意

卡罗拉汽车只有右侧一个倒车灯。

十二 结束作业

将车内灯光开关复位,关闭车窗,关闭点火钥匙。

取下3件套。

 十一 检查顶灯

顶灯一般安装在车辆顶部,前后排中间位置。有3个挡位:关闭(OFF)、常开(ON)、门控(DOOR)。

 环保

将使用后的清洁抹布及3件套等,分类放置到不同的垃圾箱内。

 提示

将开关置于门控位置,通过检查,确保打开一扇车门时顶灯变亮,而所有车门

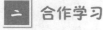 **实训安排**

 一 独立学习

单人按照上述操作步骤,独立完成学习任务。

二 合作学习

双人小组学习,每个工位为一个小组,成员有操作员A和操作员B,A和B的分工主要以车内操作、车外检查来确定。具体配合如下:

A负责在驾驶室内按顺序操作灯光开关,并检查相应的仪表指示灯,检查顶灯;

B负责在车外检查各灯是否受开关控制正确点亮和熄灭。

拓展学习

不同的车型所设计的前照灯、尾灯不同,在汽车内仪表的设置及开关也稍有区别。除了本任务所介绍的卡罗拉灯光检查方法外,下面介绍雪佛兰科鲁兹SGM7166ATC汽车和大众波罗SVW7164BSD汽车与丰田卡罗拉汽车在灯光检查中的区别。

一、雪佛兰科鲁兹汽车

(1)科鲁兹汽车灯光控制开关和转向灯操作杆。

(2)科鲁兹汽车的仪表:点火钥匙打开后未起动时仪表显示的状态。

(3)科鲁兹汽车的前部、前照灯、转向灯。

(4)科鲁兹汽车的尾部:尾灯、制动灯、后雾灯、倒车灯和转向灯。

二、大众波罗汽车

(1)灯光控制开关:有2个灯光开关,一个是转向盘下方的控制杆,另一个是左侧出风口下方的旋钮。

(2)波罗汽车的仪表板:点火钥匙刚打开时所显示的状态。

（3）波罗汽车的前部：示廓灯和前雾灯。

波罗汽车的示廓灯与远光灯为同一个灯泡。

（4）波罗汽车的尾部：尾灯和倒车灯。

与卡罗拉汽车相似，倒车灯仅右后一只，左后相同位置为后雾灯。

工作页

任务名称		检查灯光		序号	2-8
班级		姓名		地点		日期	
任务要求	学习汽车灯光知识，制订工作计划，实施检查和维护，从而学会汽车灯光的操作和检查仪表信号灯的方法					

一、收集信息

1. 认识灯光系统。

名 称	开启方式
示宽灯	
近光灯	
远光灯	
变光灯	
雾灯	
危险警告灯	
转向灯	

2. 认识信号指示灯。

序 号	名 称
1	
2	
3	
4	
5	

3. 检查灯光。

将点火开关转到ON位置，检查所有的警告是否_____。系统自检完毕后将会熄灭相应指示灯。在发动机起动后，检查_____是否正常熄灭。

二、计划决策

成员分工	组号：_____，成员分工：_____
设备工具	卡罗拉汽车、举升机、工具车、车轮挡块、_____
制订计划	
准备工作	检查安全环保措施，熟悉布置工作场景

三、实施任务

1. 前照灯内又包含有_____灯。
2. 行车中远光灯应在_____情况下开启。
3. 倒车灯一般是发出白色，目的是_____。
4. 检查车辆前部灯光。

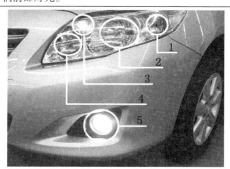

序 号	名 称
1	
2	
3	示宽灯
4	
5	前雾灯

5. 检查车辆后部灯光。

序 号	名 称
1	制动灯
2	
3	
4	左转向信号灯
5	
6	

6. 填写作业单。

作 业 单

项　　目	作业内容	作业要求	检查结果
准备工作	打开车门，安装3件套		□正　常 □不正常

项　　目	作业内容	作业要求	检查结果
车内检查	（1）打开点火开关，检查组合仪表警告灯		□正　常 □不正常
	（2）检查门控灯及顶灯工作情况		□正　常 □不正常
车前部灯光检查	（1）检查示廓灯及指示灯		□正　常 □不正常
	（2）检查近光灯及指示灯		□正　常 □不正常
	（3）检查远光灯及指示灯		□正　常 □不正常
	（4）检查变光灯及指示灯		□正　常 □不正常
	（5）检查变光灯开关复位是否正常		□正　常 □不正常
	（6）检查前雾灯及指示灯		□正　常 □不正常
	（7）检查左右转向信号灯及指示灯		□正　常 □不正常
	（8）检查危险警告灯及指示灯		□正　常 □不正常
车后部灯光检查	（1）检查尾灯、牌照灯及指示灯		□正　常 □不正常
	（2）检查后雾灯及指示灯		□正　常 □不正常
	（3）检查左右转向信号灯及指示灯		□正　常 □不正常
	（4）检查危险警告灯及指示灯		□正　常 □不正常
	（5）检查制动灯		□正　常 □不正常
	（6）检查倒车灯		□正　常 □不正常
6S工作	6S整理整顿		□正　常 □不正常

四、检查质量

检查工作计划、记录内容，检查工位复位：_____

_____。

五、评价反思

在教师的指导下，反思自己的工作方式和工作成果。

评 价 表

能力目标	观 察 点	自 评	互 评	技 术 要 求
基本职业能力	检查前照灯、信号灯工作情况	□合　格 □不合格	□合　格 □不合格	前照灯、信号灯功能齐全，清晰可见
	检查组合仪表警告灯工作情况	□合　格 □不合格	□合　格 □不合格	组合仪表警告灯功能齐全、有效，符合规定
	检查顶灯工作情况	□合　格 □不合格	□合　格 □不合格	DOOR位置受车门状态控制正常
	清洁、复位设备和工具等	□合　格 □不合格	□合　格 □不合格	6S要求
关键能力	正确查阅维修资料和学习材料	□合　格 □不合格	□合　格 □不合格	适应职业岗位
	合作默契，交流顺畅	□合　格 □不合格	□合　格 □不合格	
个人反思		完成任务的安全、质量、时间和6S要求，是否达到最佳水平，请自己思考并提出改进建议		
教师评价	教师签字： 日　　期：	成　　绩 □合　格　　□不合格		

任务 9 检查喷洗器和刮水器

学时

4学时

作业场景

(1) 作业场景如图所示。

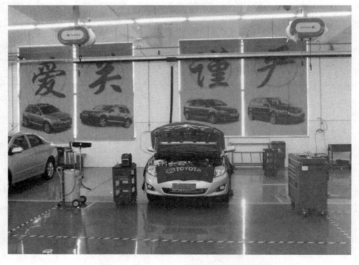

检查喷洗器和刮水器操作规范作业场景

(2) 实训设备和工具见表2-9。

实训设备和工具　　　　　　　　　　　　表2-9

序号	名称	型号或规格	数量/工位
1	丰田卡罗拉汽车	GL 1.6AT	1辆
2	点火钥匙	—	1个

作业安全

起动发动机前应该将变速杆置于P位,同时拉起驻车制动器操纵杆,防止起动发动机时车辆前进。

 学习目标

(1)学会检查喷洗器的喷洗状态和喷射位置。
(2)学会检查刮水器的工作情况和刮拭状况。

 任务实施

 检查喷洗器的喷洗状态

(1)起动发动机。
(2)用手拨动喷洗器多功能开关。

(3)检查风窗玻璃喷洗器是否有喷洗液喷出。
(4)检查喷洗器的喷射压力是否足够。

 安全

起动发动机前应该将变速杆置于P位,同时拉起驻车制动器操纵杆。

 检查喷洗器的喷射位置

检查洗涤喷射区是否集中在刮水器工作范围内,必要时进行调整。

提示

在喷嘴内插入一根与喷洗器喷嘴的孔相匹配的钢丝,以便调整喷射的方向。

对准喷嘴,以便喷洗器喷射的喷洗液落在刮水器工作范围的中间。

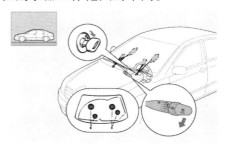

三 检查刮水器的工作情况

(1)起动发动机。
(2)喷射喷洗液。

 注意

防止划破风窗玻璃。

(3)旋动刮水器多功能开关,依次

为手动位置、停止位置、间歇位置、慢速位置和快速位置，检查刮水器是否正常工作。

（4）检查停止位置时刮水器是否正常回位。

四 检查刮水器的刮拭状况

（1）起动发动机。
（2）喷射喷洗液。
（3）旋动刮水器多功能开关。
（4）检查刮拭效果是否良好。
（5）刮水痕迹是否有条纹状。

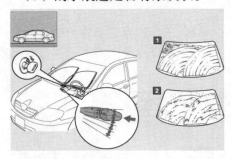

 安全

喷洗液对人的眼睛有一定的危害，一旦接触后应立即用大量清水清洗，严重时应及时就医。

 环保

喷洗液是化学制剂，切勿直接排入自然环境中。

 实训安排

一 独立学习

单人按照上述操作步骤独立完成学习任务。

二 合作学习

双人小组学习，每个工位为一个小组，成员有操作员A和操作员B，A和B的分工主要以车内和车外来确定，具体配合如下。

（1）准备工作：
A负责安放内3件套；
B负责记录操作过程是否正确。

（2）检查喷洗器的喷洗状态：
A负责拨动喷洗器多功能开关；
B负责记录喷洗液是否喷出，记录喷洗器是否达到喷射压力，记录喷洗器的喷射位置。

（3）检查刮水器的工作情况：
A 负责旋动刮水器多功能开关；
B 负责检查并记录刮水器是否正常工作，记录刮水器是否正常回位。

（4）检查刮水器的刮拭状况：
A 负责旋动刮水器多功能开关；
B 负责检查并记录刮拭效果是否良好，记录刮水痕迹是否有条纹状。

（5）结束工作：
A 负责关闭发动机，取下驾驶室内3件套；
B 负责清洁场地。

 拓展学习

不同的车型，其检查喷洗器和刮水器的方法基本相同，只是结构位置稍有不同，以及所采用的技术参数略有差异。维护时，请仔细查阅维修手册和相关技术资料。下面介绍雪佛兰科鲁兹SGM7166ATC汽车和大众波罗SVW7164BSD汽车与丰田卡罗拉汽车在喷洗器和刮水器方面的主要区别。

 雪佛兰科鲁兹汽车

（1）喷洗液喷孔的位置。

（2）刮水器的位置。

（3）喷洗器多功能开关的位置。

（2）喷洗器多功能开关的位置。

二 大众波罗汽车

（1）喷洗液喷孔的位置。

（3）后窗刮水器的位置。

工作页

任务名称	检查喷洗器和刮水器			序号	2-9
班级		姓名	地点	日期	
任务要求	学习喷洗器和刮水器知识，制订工作计划，实施检查和维护，从而学会检查汽车刮水器的工作情况和刮拭状况				

一、收集信息

1.汽车刮水器多功能开关位置。

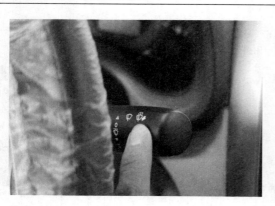

顺序	名称
从上至下	
	慢速位置
	快速位置

2. 喷嘴位置。

	位　　置

二、计划决策

成员分工	组号：_____，成员分工：_____
设备工具	卡罗拉汽车、举升机、工具车、车轮挡块、_____ _____
制订计划	
准备工作	检查安全环保措施，熟悉布置工作场景

三、实施任务

1. 喷洗器的喷射大约落在_____。
2. 检查刮水器的刮拭状况：_____。
3. 如何调整喷洗器的喷射方向？
4. 喷洗器的喷射位置。

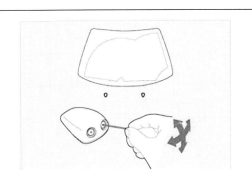

在图上画"○"，表示喷射位置

5. 刮水器的刮拭状况。

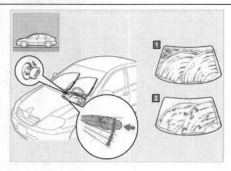

序号	状　态
1	
2	

6. 填写作业单。

作 业 单

项　目	作业内容	作业要求	检查结果
准备工作	（1）安放车轮挡块		□正　常 □不正常
	（2）整理3件套		□正　常 □不正常
	（3）解锁车辆		□正　常 □不正常
	（4）安放脚垫		□正　常 □不正常
	（5）安装座椅套		□正　常 □不正常
	（6）安装转向盘套		□正　常 □不正常
检查喷洗器	（1）拨动喷洗器多功能开关		□正　常 □不正常
	（2）检查喷洗器的喷洗状态		□正　常 □不正常
	（3）检查喷洗器的喷射位置		□正　常 □不正常
检查刮水器	（1）旋动刮水器多功能开关		□正　常 □不正常
	（2）检查刮水器是否正常工作		□正　常 □不正常
	（3）检查停止位置时刮水器是否正常回位		□正　常 □不正常
	（4）检查刮拭效果是否良好		□正　常 □不正常
	（5）检查刮水痕迹情况		□正　常 □不正常
6S	（1）收起驾驶室内3件套：转向盘套、座椅套和脚垫		□正　常 □不正常
	（2）升起车窗玻璃		□正　常 □不正常
	（3）清洁和整理		□正　常 □不正常

四、检查质量
检查工作计划、记录内容，检查工位复位：_____
_____。

五、评价反思
在教师的指导下，反思自己的工作方式和工作成果。

评 价 表

能力目标	观 察 点	自 评	互 评	技 术 要 求
基本职业能力	检视喷洗器的喷射位置	□合　格 □不合格	□合　格 □不合格	喷射液在刮水器工作范围内
	检查刮水器多功能开关	□合　格 □不合格	□合　格 □不合格	功能齐全
	检视刮水的痕迹	□合　格 □不合格	□合　格 □不合格	刮水痕迹应没有条纹状
	清洁、复位设备和工具等	□合　格 □不合格	□合　格 □不合格	6S要求
关键能力	正确查阅维修资料和学习材料	□合　格 □不合格	□合　格 □不合格	适应职业岗位
	合作默契，交流顺畅	□合　格 □不合格	□合　格 □不合格	
个人反思		完成任务的安全、质量、时间和6S要求，是否达到最佳水平，请自己思考并提出改进建议		
教师评价	教师签字： 日　　期：	成　绩		
		□合　格　　□不合格		

任务 10 检查转向盘和喇叭

 学　时

2学时

 作业场景

（1）作业项目场景及准备工具如图所示。

检查转向盘和喇叭操作规范作业场景

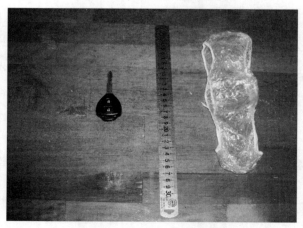

检查转向盘和喇叭的准备工具

（2）实训设备和工具见表2-10。

实训设备和工具　　　　　　　　　表2-10

序　号	名　　称	型号或规格	数量/工位
1	丰田卡罗拉汽车	GL 1.6AT	1辆
2	点火钥匙	—	1把
3	金属直尺	30cm	1把

 作业安全

打开点火开关时不要起动发动机，防止误操作。

 学习目标

（1）学会检查转向盘的自由行程和松动情况。
（2）学会检查喇叭的工作情况。

 任务实施

一　检查转向盘的自由行程

起动发动机前，放置车轮挡块，拉起驻车制动器操纵杆。
（1）起动发动机，使轮胎笔直向前。
（2）将金属直尺放于右侧指定位置。
（3）目视图中的金属直尺，记录金属直尺上的数值。

（4）轻轻转动转向盘，刚使车轮开始移动时，读取金属直尺的直线所对应的数值。
（5）将前次的数值减去现在的数值，便是自由行程值。

二　检查转向盘的松动情况

（1）点火开关置于ACC，保持转向盘不锁定和可自由移动。
（2）用两手握住转向盘的上下位置。
（3）轴向、垂直和向两侧移动转向盘。
（4）检查转向盘上下侧有无松动。
（5）用两手握住转向盘的左右位置。

（6）轴向、垂直和向两侧移动转向盘。

（7）检查转向盘左右侧有无松动。

 提示

在配备倾斜转向系统或者伸缩转向系统的车上，在转向盘整个移动范围内检查松动情况。

 安全

用力不能过猛，防止损坏转向盘，造成安全隐患。

三　检查喇叭的工作情况

（1）点火开关置于ON。

（2）在转向盘的中间位置按下。

（3）检查喇叭是否发声。

（4）检查音量和音调是否稳定。

（5）向左转向时，在转向盘的左侧位置按下。

（6）检查喇叭是否发声。

（7）检查音量和音调是否稳定。

（8）向右转向时，在转向盘的右侧位置按下。

（9）检查喇叭是否发声。

（10）检查音量和音调是否稳定。

（11）将转向盘转至中间位置。

（12）在转向盘的下侧位置按下。

（13）检查喇叭是否发声。

（14）检查音量和音调是否稳定。

 安全

打开点火开关时不要起动发动机，防止误操作。

实训安排

一 独立学习

单人按照上述操作步骤独立完成学习任务。

二 合作学习

双人小组学习，每个工位为一个小组，成员有操作员A和操作员B，A和B的分工主要以车内和车外来确定，具体配合如下。

（1）准备工作：

A 负责安放3件套；

B 负责记录操作过程是否正确。

（2）检查转向盘的自由行程：

A 负责将金属直尺放于右侧指定位置；

B 负责计算并记录自由行程值。

（3）检查转向盘的松动情况：

A 负责用两手分别握住转向盘的上下位置和左右位置，移动转向盘；

B 负责记录转向盘上下、左右侧有无松动。

（4）检查喇叭的工作情况：

A 负责分别按下转向盘中间、左侧、右侧、下侧位置的喇叭；

B 负责记录喇叭是否发声和音量、音调是否稳定。

（5）结束工作：

A 负责取下点火钥匙、驾驶室内3件套；

B 负责清洁场地。

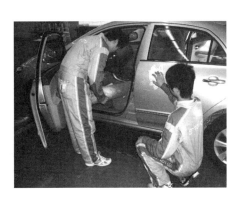

项目二 实施汽车二级维护基本作业

拓展学习

不同的车型，其检查转向盘和喇叭的方法基本相同，只是结构位置稍有不同，以及所采用的工具规格和技术参数略有差异。维护时，请仔细查阅维修手册和相关技术资料。下面介绍雪佛兰科鲁兹SGM7166ATC汽车和大众波罗SVW7164BSD汽车与丰田卡罗拉汽车在转向盘和喇叭方面的主要区别。

一 雪佛兰科鲁兹汽车

转向盘和喇叭的位置。

二 大众波罗汽车

转向盘和喇叭的位置。

 工作页

任务名称	检查转向盘和喇叭			序号	2-10
班级		姓名		地点	日期
任务要求	学习转向盘和喇叭知识，制订工作计划，实施检查和维护，从而学会检查转向盘的自由行程和松动情况，学会检查喇叭的工作情况				

一、收集信息
1. 转向盘的结构。

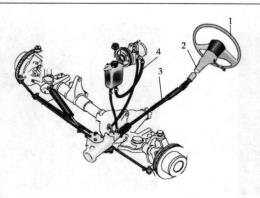

序号	名称
1	
2	
3	
4	转向油管

2. 喇叭的结构。

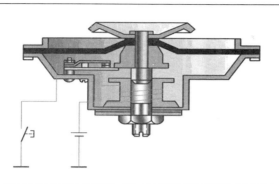

在图上用"○",圈出喇叭按钮、音量调整螺母、喇叭膜片、触点

二、计划决策

成员分工	组号：_____,成员分工：_____
设备工具	卡罗拉汽车、举升机、工具车、车轮挡块、_____
制订计划	
准备工作	检查安全环架措施，熟悉布置工作场景

三、实施任务
1. 转向盘自由行程值：_____。
2. 检查转向盘的松动条件：_____。
3. 在配备倾斜转向系统或者伸缩转向系统的车上，应该如何正确检查转向盘的松动情况？

4. 检查转向盘时金属直尺使用。

金属直尺测量要求

5. 检查喇叭工作情况。

序号	按喇叭位置
1	
2	
3	右侧位置
4	

6. 填写作业单。

作 业 单

项　　目	作业内容	作业要求	检查结果	测量值
准备工作	（1）安放车轮挡块		□正　常 □不正常	—
	（2）整理3件套		□正　常 □不正常	—
	（3）解锁车辆		□正　常 □不正常	—
	（4）安放脚垫		□正　常 □不正常	—
	（5）安装座椅套		□正　常 □不正常	—
	（6）安装转向盘套		□正　常 □不正常	—
检查转向盘	（1）检查转向盘的自由行程		□正　常 □不正常	
	（2）检查转向盘的松动情况		□正　常 □不正常	
检查喇叭	（1）检查喇叭是否发声		□正　常 □不正常	—
	（2）检查音量和音调是否稳定		□正　常 □不正常	—
6S	（1）收起驾驶室内3件套：转向盘套、座椅套和脚垫		□正　常 □不正常	—
	（2）升起车窗玻璃		□正　常 □不正常	—
	（3）清洁和整理		□正　常 □不正常	—

四、检查质量

检查工作计划、记录内容，检查工位复位：_____
_____。

五、评价反思
在教师的指导下，反思自己的工作方式和工作成果。

评 价 表

能力目标	观 察 点	自 评	互 评	技 术 要 求
基本职业能力	测量转向盘的自由行程	□合格 □不合格	□合格 □不合格	转向盘自由行程符合规定
	检查转向盘的松动情况	□合格 □不合格	□合格 □不合格	转向应轻便、灵活，无卡滞现象
	检查喇叭发声情况	□合格 □不合格	□合格 □不合格	工作正常，有响声
	检查喇叭音量和音调稳定情况	□合格 □不合格	□合格 □不合格	音量和音调应符合规定
	清洁、复位设备和工具等	□合格 □不合格	□合格 □不合格	6S要求
关键能力	正确查阅维修资料和学习材料	□合格 □不合格	□合格 □不合格	适应职业岗位
	合作默契，交流顺畅	□合格 □不合格	□合格 □不合格	
个人反思		完成任务的安全、质量、时间和6S要求，是否达到最佳水平，请自己思考并提出改进建议		
教师评价	教师签字： 日　　期：	成　　绩		
		□合格　　□不合格		

项目二　实施汽车二级维护基本作业

任务 11 检查制动踏板和驻车制动器

 学　时

6学时

 作业场景

（1）作业项目场景和准备工具如图所示。

检测制动踏板和驻车制动器操作规范作业场景

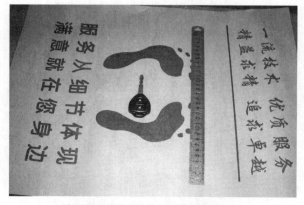

检测制动踏板和驻车制动器的准备工具

（2）实训设备和工具见表2-11。

实训设备和工具　　　　　　　　　　表2-11

序　号	名　　称	型号或规格	数量/工位
1	丰田卡罗拉汽车	GL 1.6AT	1辆
2	点火钥匙	—	1把
3	金属直尺	30cm	1把

 作业安全

起动发动机前应该将挡位置于P位，同时拉起驻车制动器操纵杆，防止起动发动机时车辆行驶。

 学习目标

（1）学会检测制动踏板的工作情况。
（2）学会检测驻车制动器的工作情况。

 任务实施

一　检查制动踏板的气密性

（1）发动机不起动。
（2）右脚连续踩下制动踏板数次，此时能感觉到制动踏板越踩越高，即为正常。

二　检查制动踏板的真空功能

（1）发动机运转。
（2）连续踩下制动踏板数次，应该感到制动踏板无变化。

 安全

起动发动机前应该将挡位置于P位，

同时拉起驻车制动器操纵杆。

三 检查制动踏板的工作情况

（1）发动机运转。
（2）踩下制动踏板感觉到有下沉。

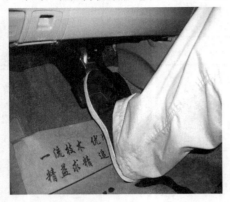

四 检查制动踏板的应用状况

（1）发动机运转。
（2）连续踩下制动踏板数次，应该无过度松动，无异常噪声，响应性良好，可完全踩下。

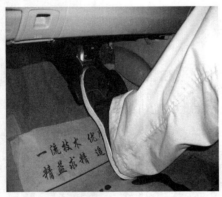

五 测量制动踏板高度

（1）点火开关处于OFF位置。
（2）利用金属直尺测量制动踏板自然状态时的高度。如果超出规定范围，调整制动踏板高度。

测量从地面到制动踏板上表面的距离。如果必须从地毯表面开始测量，则从标准值中扣除地毯的厚度或者地毯和沥青纸毡的厚度。

提示

制动踏板高度的调整：
①松开锁止螺母；
②转动制动踏板推杆，直到踏板高度正确的位置；
③上紧锁止螺母；
④调整好制动踏板高度之后，检查制动踏板自由行程。

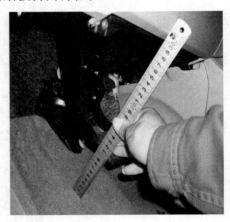

六 检测制动踏板自由行程

按规定要求，安全起动发动机。
（1）发动机运转数分钟后关闭。
（2）踩下制动踏板数次，以便解除制动助力器，然后使用手指轻轻按压制动踏板并且使用金属直尺测量。

当用手指轻轻按压制动踏板时，制动踏板的运动行程在两个阶段发生变化。
第一阶段：U形夹销和转轴销的松动。
第二阶段：推杆刚好在液压升高之前运动。

制动踏板的自由行程=第一阶段行程–第二阶段行程。

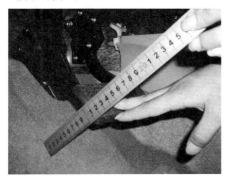

使用金属直尺测量制动踏板行程余量,以便检查其是否处于规定的范围内。

 提示

测量从地面到制动踏板上表面的距离。如果必须从地毯表面开始测量,则从标准值中扣除地毯的厚度或者地毯和沥青纸毡的厚度。

七　检测制动踏板行程余量

(1)发动机运转,松开驻车制动器操纵杆。

(2)用力将制动踏板踩到底,此时

八　检测驻车制动器的行程

(1)拉起驻车制动器操纵杆。

(2)能够听到咔嗒声,应该有9次声音,同时指示灯点亮。如果不符合标准,调整驻车制动器操纵杆行程。

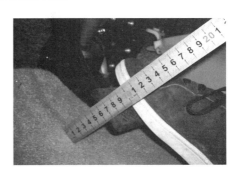

片的间隙,然后重复检查。必要时重复这个过程,然后调整驻车制动器操纵杆行程。

 提示

当驻车制动器操纵杆行程超出规定值,则调整后驻车制动蹄片或驻车制动蹄

 实训安排

 独立学习

单人按照上述操作步骤独立完成学习任务。

二　合作学习

双人小组学习,每个工位为一个小组,成员有操作员A和操作员B,A和B的分工主要以车内和车外来确定,具体配合如下。

（1）准备工作：

A 负责安放3件套；

B 负责记录操作过程是否正确。

（2）检查制动踏板的气密性：

A 负责右脚连续踩下制动踏板数次，此时能感觉到踏板越踩越高，即为正常；

B 负责记录制动踏板的气密性。

（3）测量制动踏板高度：

A 负责利用金属直尺测量制动踏板自然状态时的高度；

B 负责记录制动踏板高度。

（4）检测制动踏板自由行程：

A 负责踩下制动踏板数次，以便解除制动助力器，然后使用手指轻轻按压制动踏板并且使用金属直尺测量；

B 负责记录制动踏板自由行程。

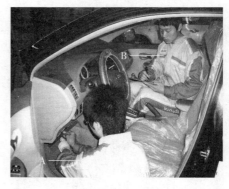

（5）检测制动踏板行程余量：

A 负责用力将制动踏板踩到底，记录制动踏板行程余量；

B 负责使用金属直尺测量制动踏板行程余量。

（6）检查制动踏板的真空功能：

A 负责连续踩下制动踏板数次，应该感到制动踏板无变化；

B 负责记录制动踏板的真空功能是否正常。

（7）检查制动踏板的工作情况：

A 负责踩下制动踏板感觉到有下沉；

B 负责记录制动踏板的工作情况。

（8）检查制动踏板的应用状况：

A 负责连续踩下制动踏板数次，应该无过度松动，无异常噪声，响应性良好，可完全踩下；

B 负责记录制动踏板的应用状况。

（9）检测驻车制动器的行程：

A 负责拉起驻车制动器操纵杆；

B 负责记录咔嗒声次数和指示灯点是否点亮。

（10）结束工作：

A 负责取下点火钥匙和驾驶室内3件套；

B 负责6S。

 拓展学习

不同的车型，其检测制动踏板和驻车制动器的方法基本相同，只是结构位置稍有不同，以及所采用的工具规格和技术参数略有差异。维护时，请仔细查阅维修手册和相关技术资料。下面介绍雪佛兰科鲁兹SGM7166ATC汽车和大众波罗SVW7164BSD汽车与丰田卡罗拉汽车在制动踏板和驻车制动器方面的主要区别。

 雪佛兰科鲁兹汽车

（1）制动踏板的位置。

（2）驻车制动器的位置。

二、大众波罗汽车

（1）制动踏板的位置。

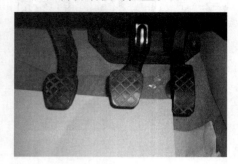

（2）驻车制动器的位置。

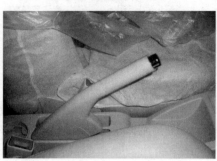

任务名称	检查制动踏板和驻车制动器		序号	2-11
班级		姓名	地点	日期
任务要求	学习制动踏板和驻车制动器知识，制订工作计划，实施检查和维护，从而学会检测制动踏板和驻车制动器工作情况的方法			

一、收集信息

1. 制动系统的结构。

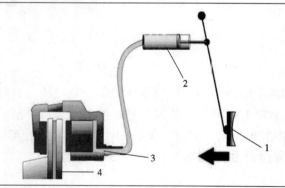

序号	名称
1	
2	
3	
4	制动盘

2. 驻车制动器的结构。

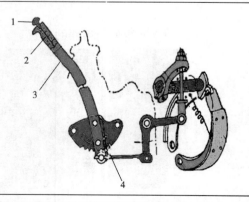

序号	名称
1	
2	拉杆弹簧
3	
4	

二、计划决策

成员分工	组号：_____，成员分工：_____
设备工具	卡罗拉汽车、举升机、工具车、车轮挡块、_____
制订计划	
准备工作	检查安全环保措施，熟悉布置工作场景

三、实施任务

1. 检查制动踏板的气密性正常状态是：_____。
2. 检查制动踏板的真空功能正常是：_____。
3. 测量制动踏板高度时，如果必须要从地毯表面开始测量，应该如何操作？

4. 制动踏板位置。

制动踏板位置

5. 填写作业单。

作 业 单

项　目	作业内容	作业要求	检查结果	测量值
准备工作	（1）安放车轮挡块		□正　常 □不正常	—
	（2）整理3件套		□正　常 □不正常	—
	（3）解锁车辆		□正　常 □不正常	—
	（4）安放脚垫		□正　常 □不正常	—
	（5）安装座椅套		□正　常 □不正常	—
	（6）安装转向盘套		□正　常 □不正常	—

项　目	作业内容	作业要求	检查结果	测量值
检查制动踏板	（1）踩下制动踏板数次		□正　常 □不正常	—
	（2）检查制动踏板的气密性		□正　常 □不正常	—
	（3）检查制动踏板的真空功能		□正　常 □不正常	—
	（4）检查制动踏板的工作情况		□正　常 □不正常	—
	（5）检查制动踏板的应用状况		□正　常 □不正常	—
测量制动踏板	（1）关闭点火开关		□正　常 □不正常	—
	（2）测量制动踏板自然状态时的高度		□正　常 □不正常	
检测制动踏板	（1）检测制动踏板自由行程		□正　常 □不正常	
	（2）检测制动踏板行程余量		□正　常 □不正常	
检测驻车制动器	（1）拉起驻车制动器操纵杆		□正　常 □不正常	—
	（2）检测驻车制动器的行程		□正　常 □不正常	
6S	（1）收起驾驶室内3件套：转向盘套、座椅套和脚垫		□正　常 □不正常	—
	（2）升起车窗玻璃		□正　常 □不正常	—
	（3）清洁和整理		□正　常 □不正常	—

四、检查质量
检查工作计划、记录内容，检查工位复位：_____

_____。

五、评价反思

在教师的指导下，反思自己的工作方式和工作成果。

评 价 表

能力目标	观 察 点	自 评	互 评	技术要求
基本职业能力	检查制动踏板的工作情况	□合　格 □不合格	□合　格 □不合格	符合厂家规定，作用正常
基本职业能力	测量制动踏板自然状态时的高度	□合　格 □不合格	□合　格 □不合格	制动踏板高度符合厂家规定
基本职业能力	检测制动踏板自由行程	□合　格 □不合格	□合　格 □不合格	制动踏板自由行程符合厂家规定
基本职业能力	检测驻车制动器的行程	□合　格 □不合格	□合　格 □不合格	驻车制动器的行程符合厂家规定
基本职业能力	清洁、复位设备和工具等	□合　格 □不合格	□合　格 □不合格	6S要求
关键能力	正确查阅维修资料和学习材料	□合　格 □不合格	□合　格 □不合格	适应职业岗位
关键能力	合作默契，交流顺畅	□合　格 □不合格	□合　格 □不合格	适应职业岗位
个人反思		完成任务的安全、质量、时间和6S要求，是否达到最佳水平，请自己思考并提出改进建议		
教师评价	教师签字： 日　　期：	成　　绩		
教师评价	教师签字： 日　　期：	□合　格　　□不合格		

任务 12　检查座椅和安全带

　学　时

4学时

　作业场景

（1）作业项目场景和准备材料如图所示。

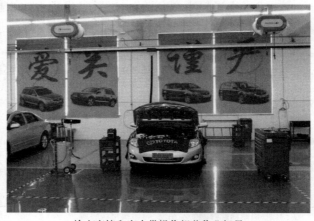

检查座椅和安全带操作规范作业场景

检查座椅和安全带的准备材料

（2）实训设备和工具见表2-12。

实训设备和工具　　　　　　　表2-12

序号	名称	型号或规格	数量/工位
1	丰田卡罗拉汽车	GL 1.6AT	1辆
2	点火钥匙	—	1把

 作业安全

操作时用力适中，不能过猛，防止损坏座椅和安全带。

 学习目标

（1）学会检查座椅的工作情况。
（2）学会检查安全带的工作情况。

 任务实施

一　检查座椅螺栓和螺母

（1）双手扶住座椅，前后左右扳动。

（2）座椅螺栓和螺母应该无松动。

二　检查座椅

（1）用手扳动座椅移动杆。
（2）座椅应该能前后移动自如，无卡滞现象。

 安全

操作时用力适中，不能过猛，防止夹手。

三 检查座椅靠背

（1）用手扳动座椅靠背摆动杆。

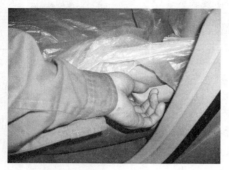

（2）座椅靠背应该摆动自如，无卡滞现象。

四 检查安全带锁紧器

（1）用手握住安全带一端，然后瞬间拉动安全带。

（2）安全带应该瞬间不能被外力拉动，而被锁紧器锁止。

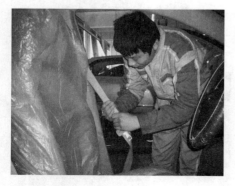

五 检查安全带锁扣

（1）将安全带锁舌插入红色锁扣中。

（2）安全带指示灯在组合仪表板上由亮变暗，表示安全带锁扣安装正常。

六 检查安全带

（1）用手拉住安全带一端，然后快速用力拉动安全带。

（2）安全带应该牢固，无虚扣现象。

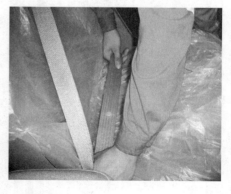

操作时用力适中，不能过猛，防止夹手。

实训安排

一 独立学习

单人按照上述操作步骤独立完成学习任务。

二 合作学习

双人小组学习，每个工位为一个小组，成员有操作员A和操作员B，A和B的分工主要以车内和车外、前部和后部来确定，具体配合如下。

（1）准备工作：

A 负责安放驾驶室内3件套；

B 负责记录操作过程是否正确。

（2）检查座椅螺栓和螺母：

A 负责扶住座椅，前后左右扳动；

B 负责记录座椅螺栓和螺母是否松动。

（3）检查座椅：

A 负责用手扳动座椅移动杆；

B 负责记录座椅移动情况。

（4）检查座椅靠背：

A 负责用手扳动座椅靠背摆动杆；

B 负责记录座椅靠背情况。

（5）检查安全带锁紧器：

A 负责用手握住安全带一端，然后瞬间拉动安全带；

B 负责记录安全带锁紧器情况。

（6）检查安全带锁扣：

A 负责将安全带锁环插入红色锁扣中；

B 负责记录安全带指示灯是否由亮变暗。

速用力拉动安全带；

B 负责记录安全带的固定性。

（7）检查安全带：

A 负责用手拉住安全带一端，然后快

（8）结束工作：

A 负责关闭发动机，取下驾驶室内3件套；

B 负责6S。

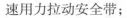 拓展学习

不同的车型，其检查座椅和安全带的方法基本相同，只是结构位置稍有不同，以及所采用的辅料和技术参数略有差异。维护时，请仔细查阅维修手册和相关技术资料。下面介绍雪佛兰科鲁兹SGM7166ATC汽车和大众波罗SVW7164BSD汽车与丰田卡罗拉汽车在座椅和安全带方面的主要区别。

一　雪佛兰科鲁兹汽车

（1）座椅前后移动扳手的位置。　　　　（2）座椅靠背摆动杆的位置。

二 大众波罗汽车

（1）座椅前后移动扳手的位置。

（2）座椅靠背摆动杆的位置。

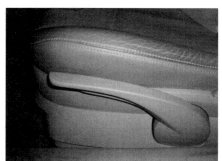

工作页

任务名称	检查座椅和安全带		序号	2-12
班级		姓名	地点	日期
任务要求	学习座椅和安全带知识，制订工作计划，实施检查和维护，从而学会检查座椅和安全带工作情况的方法			

一、收集信息

1. 写出图中手势处的部件名称。

名　称

2. 安全带的结构。

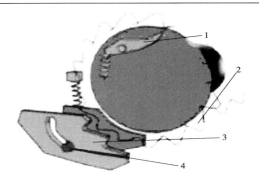

序号	名　称
1	
2	
3	
4	滑动销

二、计划决策

成员分工	组号：_____，成员分工：_____
设备工具	卡罗拉汽车、举升机、工具车、车轮挡块、_____
制订计划	
准备工作	检查安全环保措施，熟悉布置工作场景

三、实施任务

1. 扳动座椅移动杆是为了检查_____。
2. 瞬间拉动安全带时，锁紧器应该_____。
3. 为什么组合仪表板上的安全带指示灯会由亮变暗？

4. 安全带的锁止状态。

	相互锁止的部件名称

5. 填写作业单。

作 业 单

项　　目	作业内容	作业要求	检查结果
准备工作	（1）安放车轮挡块		□正　常 □不正常
	（2）整理3件套		□正　常 □不正常
	（3）解锁车辆		□正　常 □不正常
	（4）安放脚垫		□正　常 □不正常
	（5）安装座椅套		□正　常 □不正常
	（6）安装转向盘套		□正　常 □不正常
检查座椅螺栓、螺母	（1）扳动座椅		□正　常 □不正常
	（2）检查座椅螺栓、螺母，应无松动		□正　常 □不正常
检查座椅	（1）扳动座椅移动杆		□正　常 □不正常
	（2）座椅应前后移动自如		□正　常 □不正常
检查座椅靠背	（1）扳动座椅靠背摆动杆		□正　常 □不正常
	（2）座椅靠背应摆动自如		□正　常 □不正常
检查安全带锁紧器	（1）拉动安全带		□正　常 □不正常
	（2）检查锁紧器锁止		□正　常 □不正常
检查安全带锁扣	（1）安全带插入红色锁扣中		□正　常 □不正常
	（2）观察安全带指示灯应由亮变暗		□正　常 □不正常
检查安全带	（1）拉住安全带		□正　常 □不正常
	（2）检查安全带牢固性		□正　常 □不正常
6S	（1）收起驾驶室内3件套		□正　常 □不正常
	（2）升起车窗玻璃		□正　常 □不正常
	（3）清洁和整理		□正　常 □不正常

四、检查质量

检查工作计划、记录内容，检查工位复位：_____

_____。

五、评价反思
在教师的指导下，反思自己的工作方式和工作成果。

评 价 表

能力目标	观 察 点	自 评	互 评	技 术 要 求
基本职业能力	检查座椅螺栓螺母	□合　格 □不合格	□合　格 □不合格	座椅螺栓螺母应无松动
	调整座椅位置	□合　格 □不合格	□合　格 □不合格	座椅应前后移动自如，无卡滞现象
	检查安全带工作情况	□合　格 □不合格	□合　格 □不合格	锁止功能正常
	检查安全带指示灯工作情况	□合　格 □不合格	□合　格 □不合格	安全带指示灯应由亮变暗
	清洁、复位设备和工具等	□合　格 □不合格	□合　格 □不合格	6S要求
关键能力	正确查阅维修资料和学习材料	□合　格 □不合格	□合　格 □不合格	适应职业岗位
	合作默契，交流顺畅	□合　格 □不合格	□合　格 □不合格	
个人反思		完成任务的安全、质量、时间和6S要求，是否达到最佳水平，请自己思考并提出改进建议		
教师评价	教师签字： 日　　期：	成　　绩		
		□合　格　　　□不合格		

任务 13　更换机油和机油滤清器

　学　时

12学时

　作业场景

（1）作业项目场景及实训工具如图所示。

更换机油和机油滤清器的作业场景

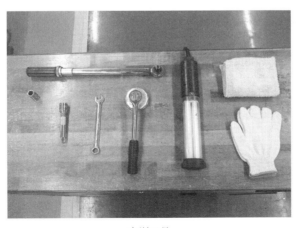

实训工具

（2）实训设备和工具见表2-13。

实训设备和工具　　　　　　表2-13

序号	名称	型号或规格	数量/工位
1	丰田卡罗拉汽车	GL 1.6AT	1辆
2	剪式举升机	GC-3.5S	1台
3	世达工具车	95109	1辆
4	世达工具车	95111	1辆
5	4L专用机油	10W-30	2壶
6	机油滤清器	90915-YZZC5	1只
7	空气滤清器	17801-DT020	1只
8	机油收集器	—	1台
9	机油滤清器专用工具	—	1套
10	梅花扳手	12~14mm	1把
11	世达套筒组套	09099　32件	1套
12	预置式力矩扳手	10~100N·m	1把
13	工作灯	—	1只
14	翼子板布、前格栅布	—	1套
15	座椅套、转向盘套、脚垫	—	1套
16	尾气抽排系统	—	1套
17	漏斗	—	1只
18	车轮挡块	—	2块
19	支撑垫块	—	4块
20	手套	—	2副
21	拖把	—	1把
22	抹布	—	若干

作业安全

（1）举升机作业过程中要大声提醒，确保升降安全。

（2）作业过程中要及时清洁地面上的油和水，确保操作安全。

学习目标

（1）认识机油滤清器和空气滤清器滤芯及作业要求。

（2）学会更换发动机机油、机油滤清器和空气滤清器滤芯的操作方法。

（3）培养学生良好的操作习惯和6S意识。

任务实施

本任务学习更换汽车发动机机油、机油滤清器和空气滤清器的操作步骤和方法。

一 准备工作

 安全

不得随意移动车辆。

（1）放置车轮挡块。

（2）安放座椅套、转向盘套和脚垫。

（3）变速杆置于P位，拉起驻车制动器操纵杆。

（4）拉起发动机舱盖释放拉手。

（5）放置前格栅布、翼子板布。

（6）检查发动机机油液位。

 提示

检查机油液位时，首先要将机油液位尺拔出擦干净，然后将机油液位尺完全插入发动机机油液位尺管内，再次拔出机油液位尺，检查发动机机油的液位。

二 更换空气滤清器

（1）打开空气滤清器盒，取出空气滤清器滤芯。

（2）清洁空气滤清器盒内部。

环保

废弃空气滤清器滤芯不得随意丢弃，需回收处理。

注意

要用干净的抹布擦去空气滤清器盒内部的灰尘。

（3）安装新的空气滤清器滤芯。

注意

安装空气滤清器滤芯时，要求有字的一面朝上安装。

三 松开机油加注口盖

注意

机油加注口盖要虚放在机油加注口上，以防异物从加注口处掉入发动机内部。

四 用举升机将车辆升至最高位置

参考

举升机的操作程序详见任务2：操作举升机。

提示

举升车辆的高度可以根据维修作业人员的身高作适当的调整。

安全

举升机作业过程中要大声提醒，确保

升降安全。

五 检查发动机各区域的接触面、油封、排放塞是否漏油

（1）检查各区域的接触面是否漏油。

 安全

检查时要戴手套，同时用工作灯照明进行作业，用干净的抹布擦拭各部位，以确定是否漏油。

若抹布上粘上油渍，表明该位置存在漏油现象，则需进一步检查并维修。

检查其他接触面时，必须更换干净的抹布。

（2）检查油封是否漏油。

提示

若油封存在漏油现象，则需进一步检查并维修。

（3）检查机油排放塞是否漏油。

 提示

若机油排放塞存在漏油现象，则需进一步检查并维修。

 环保

由于机油为提炼及合成油液，切勿直接排入自然环境中。

 六 拆卸机油排放塞

 提示

用14mm梅花扳手松开排放塞时，操作的动作要轻，以防车辆晃动。

项目二 实施汽车二级维护基本作业

141

七、排放机油

（1）将机油收集器移至发动机下方合适的位置，并调整机油盆的高度。

（2）排放机油。

机油温度高，小心烫伤。

松开并移走排放塞时，动作要利落迅速。

八、更换机油滤清器

（1）使用机油滤清器专用工具松开机油滤清器。

（2）徒手取下机油滤清器，放到规定的位置。

废弃的机油滤清器按废弃物处理规定，收集处理。

（3）取出新的机油滤清器，在新的滤清器密封垫圈上涂抹新的专用机油。

（4）安装机油滤清器。徒手安装机油滤清器，旋转机油滤清器至滤清器密封垫圈接触底座。

（5）使用专用工具拧紧机油滤清器3/4圈。

> **提示**
>
> 紧固完毕后，及时清洁机油滤清器。

九 安装机油排放塞

（1）清洁机油排放塞，更换机油排放塞垫片。

> **注意**
>
> 机油排放塞垫片不可重复使用。

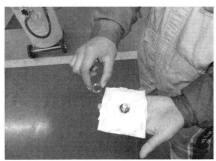

（2）安装机油排放塞。

（3）移开机油收集器。

> **环保**
>
> 废机油属于危险废物，按废弃物处理规定，收集处理。

> **提示**
>
> 将机油盆降到最低位置，清洁机油盆并移开机油收集器。

（4）紧固机油排放塞。

> **提示**
>
> 用预置式力矩扳手紧固机油排放塞至37N·m。

> **参考**
>
> 预置式力矩扳手的操作程序详见任务3：使用量具。

十 清洁作业场地

十一 下降举升机至最低位置

参考

举升机的操作程序详见任务2：操作举升机。

 十二 加注机油

（1）取下机油加注口盖，加注4.2L专用机油。

提示

将机油加注口盖取下并倒置在工作台上，以免粘上污物。

提示

要及时检查机油油量，确保加注的机油油量符合技术要求。

（2）拧紧机油加注口盖。

十三 安装尾气抽排装置

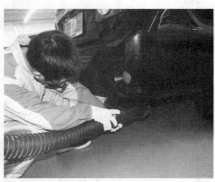

 安全

尾气对人体的健康损害严重，主要污染物有一氧化碳、碳氢化合物、氮氧化合物及固体悬浮颗粒物。

十四 起动发动机，保持发动机怠速运转3~5min，再关闭发动机

十五 收回尾气抽排装置

> 提示
>
> 收回尾气抽排装置后,立即清洁地面。

十六 将车辆举升至合适高度

> 提示
>
> 举升的车辆高度可以根据维修作业人员身高作适当的调整。

十七 检查发动机各区域的接触面、机油排放塞和机油滤清器是否漏油

十八 下降车辆至地面

十九 收回翼子板布、前格栅布,关闭发动机舱盖

二十 收回座椅套、转向盘套、脚垫,并分类放到指定的垃圾箱内

二十一 清洁车身、举升机、场地

(1) 清洁车身。

项目二 实施汽车二级维护基本作业

（2）清洁举升机。

（3）清洁场地。

作业过程中要及时清洁地面上的油和水，确保操作安全。

实训安排

一 独立学习

单人按照上述操作步骤独立完成学习任务。

二 合作学习

双人小组学习，每个工位为一个小组，成员有操作员A和操作员B，A和B的分工主要以车内和车外、前部和后部来确定，具体配合如下：

（1）做好作业前的准备工作：

A 负责安装翼子板布、前格栅布；
B 负责安装座椅套，安装转向盘套，安装脚垫。

（2）检查机油液位，准备机油：
A 负责检查机油液位；
B 负责准备机油。

（3）排放机油，更换机油滤清器等：

A 负责准备机油收集器，检查底盘泄漏情况，拆卸机油排放塞，排放机油，更换机油滤清器，紧固机油滤清器，安装并紧固机油排放塞；

B 负责举升车辆，更换机油排放塞垫片，准备工具，传递工具，清洁工具。

（4）机油收集器复位，下降车辆：

A 负责复位机油收集器，清洁机油收集器；

B 负责下降车辆。

（5）加注机油，检查机油液位，清洁工具，起动发动机：

A 负责加注机油，检查机油液位；

B 负责清洁并整理工具，等待起动发动机，暖机后关闭发动机。

（6）举升车辆，检查发动机泄漏情况，检查机油液位，清洁车辆，清洁场地等：

A 负责检查发动机泄漏情况，检查机油液位，清洁车辆，清洁举升机；

B 负责举升车辆，清洁场地，下降车辆，再次清洁场地，整理工具。

 拓展学习

不同的车型，其更换机油和机油滤清器的方法基本相同，只是结构位置稍有不同，以及所采用的工具规格和技术参数略有差异。维护时，请仔细查阅维修手册和相关技术资料。下面介绍雪佛兰科鲁兹SGM7166ATC汽车和大众波罗SVW7164BSD汽车的机油加注口、机油液位尺、机油排放塞和机油滤芯的所在位置。

一　雪佛兰科鲁兹汽车

（1）机油加注口盖的位置。

（2）机油液位尺的位置。

（3）机油排放塞的位置。

（4）机油滤清器的位置。

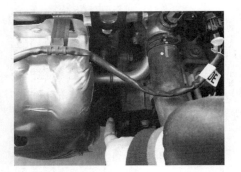

（5）拆卸机油排放塞。

（6）更换机油滤清器。

（7）加注机油。

二　大众波罗汽车

（1）机油加注口盖的位置。

（2）机油液位尺的位置。

（3）机油滤清器的位置。

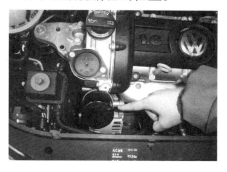

（4）机油排放塞的位置。

（5）更换机油滤清器。

（6）加注机油。

工作页

任务名称		更换机油和机油滤清器				序号	2-13
班级		姓名		地点		日期	
任务要求	学习润滑系统知识，制订工作计划，实施检查和维护，从而学会检查汽车润滑系统及滤清器的方法						

一、收集信息
1. 汽车润滑系统的主要组成。

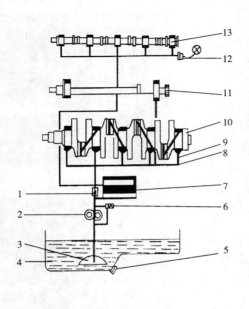

序号	名　　称
1	旁通阀
2	
3	
4	油底壳
5	
6	安全阀
7	
8	主油道
9	油道
10	曲轴
11	
12	
13	凸轮轴

2.汽车润滑系统机油循环图。

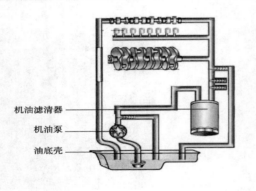

组成	作　　用
油底壳	用来储存润滑油
机油泵	
机油滤清器	

二、计划决策

成员分工	组号：_____，成员分工：_____
设备工具	卡罗拉汽车、举升机、工具车、车轮挡块、_____
制订计划	
准备工作	检查安全环保措施，熟悉布置工作场景

三、实施任务

1.机油液位尺可以提示驾驶人：_____。

2.使用机油标尺检查机油液位的方法：_____

_____。

3. 简述更换空气滤清器，更换机油滤清器的操作方法。

	更换空气滤清器
	更换机油及机油滤清器

4. 填写作业单。

作 业 单

项　　目	作业内容	作业要求	检查结果
准备工作	（1）安装车轮挡块		□正　常 □不正常
	（2）安装驾驶室内3件套		□正　常 □不正常
	（3）放置翼子板布、前格栅布		□正　常 □不正常
	（4）检查机油液位		□正　常 □不正常
更换空气滤清器滤芯	（1）取出空气滤清器滤芯		□正　常 □不正常
	（2）清洁空气滤清器盒内部		□正　常 □不正常
	（3）安装新的或者干净的空气滤清器滤芯		□正　常 □不正常
打开机油加注口盖	—		□正　常 □不正常
操作举升机，举升车辆	—		□正　常 □不正常
检查发动机是否泄漏	（1）检查各区域的接触面		□正　常 □不正常
	（2）检查油封		□正　常 □不正常
	（3）检查排放塞		□正　常 □不正常

项目	作业内容	作业要求	检查结果
拆卸机油排放塞，排放机油	（1）拆卸机油排放塞		□正　常 □不正常
	（2）排放机油		□正　常 □不正常
	（3）安装并紧固机油排放塞		□正　常 □不正常
更换机油滤清器	（1）拆卸机油滤清器		□正　常 □不正常
	（2）安装机油滤清器		□正　常 □不正常
	（3）紧固机油滤清器		□正　常 □不正常
操作举升机、下降车辆	—		□正　常 □不正常
加注机油	（1）加注机油		□正　常 □不正常
	（2）拧紧机油加注口盖		□正　常 □不正常
安装和拆卸尾气抽排系统	—		□正　常 □不正常
起动发动机，保持急速3~5min，关闭发动机	—		□正　常 □不正常
复检发动机各区域的接触面、油封、排放塞和机油滤清器是否泄漏	—		□正　常 □不正常
收回翼子板布、前格栅布	—		□正　常 □不正常
收回驾驶室内3件套	—		□正　常 □不正常
整理工具	（1）清洁工具		□正　常 □不正常
	（2）整理工具		□正　常 □不正常
清洁车身、举升机、场地	（1）清洁车身		□正　常 □不正常
	（2）清洁举升机		□正　常 □不正常
	（3）清洁场地		□正　常 □不正常

四、检查质量

检查工作计划、记录内容，检查工位复位：_____。

五、评价反思

在教师的指导下，反思自己的工作方式和工作成果。

评 价 表

能力目标	观 察 点	自 评	互 评	技 术 要 求
基本职业能力	检查机油液面高度	□合 格 □不合格	□合 格 □不合格	首先将机油液位尺拔出擦干净，然后将其完全插入发动机机油液位尺管内，再次拔出并检查发动机机油液位
	更换润滑油	□合 格 □不合格	□合 格 □不合格	润滑油规格性能指标符合规定
	视情更换机油滤清器	□合 格 □不合格	□合 格 □不合格	机油滤清器密封良好，无堵塞，完好有效
	清洁、复位设备和工具等	□合 格 □不合格	□合 格 □不合格	6S要求
关键能力	正确查阅维修资料和学习材料	□合 格 □不合格	□合 格 □不合格	适应职业岗位
	合作默契，交流顺畅	□合 格 □不合格	□合 格 □不合格	
个人反思				完成任务的安全、质量、时间和6S要求，是否达到最佳水平，请自己思考并提出改进建议
教师评价	教师签字： 日　　期：	成　绩 □合 格　　□不合格		

任务 14　检查底盘紧固件

　学　时

8学时

　作业场景

（1）作业项目场景及实训工具如图所示。

检查底盘紧固件的作业场景

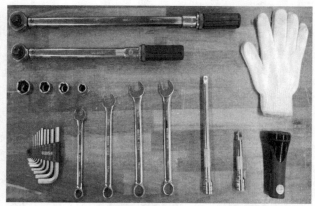

实训工具

（2）实训设备和工具见表2-14。

实训设备和工具 表2-14

序号	名称	型号或规格	数量/工位
1	剪式举升机	GC-3.5S	1台
2	丰田卡罗拉汽车	GL 1.6AT	1辆
3	世达工具车	95109	1辆
4	世达工具车	95111	1辆
5	预置式力矩扳手	10~100N·m	1把
6	预置式力矩扳手	40~340N·m	1把
7	世达套筒组套	09099 32件	1套
8	梅花扳手	14mm	1把
9	梅花扳手	17mm	1把
10	梅花扳手	19mm	1把
11	内六角扳手	—	1套
12	翼子板布、前格栅布	—	1套
13	座椅套、转向盘套、脚垫	—	1套
14	车轮挡块	—	2块
15	支撑垫块	—	4块
16	手套	—	2副
17	拖把	—	1把
18	抹布	—	若干

 作业安全

（1）操作举升机过程中，作业人员要大声提醒，确保作业安全。
（2）作业过程中要及时清洁地面上的油和水，确保操作安全。
（3）用预置式力矩扳手检查紧固件时，不允许出现冲击动作，防止举升起的车辆晃动。

 学习目标

（1）熟悉底盘各紧固件的位置。
（2）牢记底盘各紧固件力矩的大小。
（3）认识底盘各紧固件，掌握其检查方法。
（4）培养良好的操作习惯和6S意识。

 任务实施

本任务学习汽车底盘紧固件的名称、力矩大小和检查方法。

一 将举升机升至最高位置

举升机的操作程序详见任务2：操作举升机。

举升的车辆高度可以根据作业人员的身高作适当的调整。

二 选择工具

查阅维修资料中各紧固件标准的力矩，根据套筒—梅花扳手—呆扳手的顺序，优先选择工具。

预置式力矩扳手的操作程序详见本项目任务3：使用量具。

三 检查车辆底盘紧固件

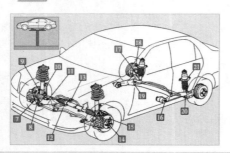

1 前悬架

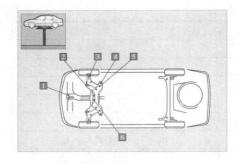

（1）前下悬架臂×前悬架横梁。

力矩：233 N·m。

数量：2侧×2只。

工具：22mm套筒、短接杆、40～340N·m预置式力矩扳手。

用预置式力矩扳手检查紧固件时，不允许出现冲击动作，防止举升起的车辆晃动。

（2）前下球节×前下悬架臂。

力矩：89N·m。

数量：2侧×3只（每侧应是2只螺母、1只螺栓）。

工具：17mm套筒、短接杆、10～100N·m预置式力矩扳手。

（3）前悬架横梁×车身。

力矩：145N·m。

数量：2侧×2只。

工具：19mm套筒、短接杆、40～340N·m预置式力矩扳手。

（4）前制动卡钳×转向节。

力矩：107N·m。

数量：2侧×2只。

工具：17mm套筒、短接杆、40～340N·m预置式力矩扳手。

（5）前减振器×转向节。

力矩：240N·m。

数量：2侧×2只。

工具：22mm套筒、短接杆、40～340N·m预置式力矩扳手。

工具：17mm梅花扳手、内六角扳手。

（6）稳定杆连杆×前减振器。

力矩：74N·m。

数量：2侧×1只。

工具：17mm梅花扳手、内六角扳手。

（8）前悬架横梁前支架×前悬架横梁。

力矩：87N·m。

数量：2侧×4只。

工具：17mm套筒、短接杆、10～100N·m预置式力矩扳手。

（7）稳定杆×稳定杆连杆。

力矩：74N·m。

数量：2侧×1只。

（9）前悬架横梁后支架×车身。

力矩：93N·m。

数量：2侧×2只。

工具：17mm套筒、短接杆、10~100N·m预置式力矩扳手。

（10）前悬架横梁加强件固定螺栓。

力矩：96N·m。

数量：2侧×4只。

工具：17mm套筒、短接杆、10~100N·m预置式力矩扳手。

（11）横拉杆端头锁止螺母。

力矩：74N·m。

数量：2侧×1只。

工具：两把19mm扳手。

（12）横拉杆端头×转向节。

力矩：49N·m。

数量：2侧×1只。

检查开口销是否安装到位，若安装不到位，需更换新的开口销并安装到位。

（13）转向机壳×前横梁。

力矩：137N·m。

数量：2侧×1只。

工具：19mm梅花扳手、19mm套筒、长接杆、40～340N·m预置式力矩扳手。

提示

紧固螺母时，螺栓上部用19mm梅花扳手固定。

② 后悬架

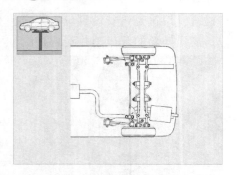

（1）后桥横梁（拖臂）总成×车身。

力矩：135N·m。

数量：2侧×1只。

工具：22mm套筒、40～340N·m预置式力矩扳手。

（2）制动轮缸×背板。

力矩：57N·m。

数量：2侧×2只。

工具：14mm套筒、短接杆、10～100N·m预置式力矩扳手。

（3）后减振器×后横梁总成。

力矩：90N·m。

数量：2侧×1个。

工具：17mm套筒、短接杆、10~100N·m预置式力矩扳手。

（4）排气管螺栓和螺母。

力矩：43N·m。

数量：6只。

工具：14mm套筒、长接杆、10~100N·m预置式力矩扳手。

排气管炙热，操作时应特别小心。

（5）燃油箱紧固螺栓。

力矩：39N·m。

数量：4只。

工具：14mm套筒、短接杆、10~100N·m预置式力矩扳手。

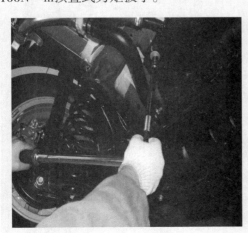

实训安排

一 独立学习

单人按照上述操作步骤独立完成学习任务。

二 合作学习

双人小组学习，每个工位为一个小组，成员有操作员A和操作员B，A和B的分工主要以车内和车外、前部和后部来确定，具体配合如下：

（1）操作举升机，举升汽车：

A负责操作举升机，举升汽车；

B负责观察举升机周围是否有障碍物，以决定举升机是否能够举升。

（2）紧固汽车底盘紧固件：

A负责紧固汽车底盘前悬架部分的紧固件；

B负责紧固汽车底盘后悬架部分和排气管部分的紧固件。

（3）紧固汽车底盘紧固件，清洁场地：

A负责紧固前悬架上的紧固件；

B负责清洁场地。

（4）紧固汽车底盘紧固件，整理并清洁工具：

A负责紧固后悬架上的紧固件；

B负责整理并清洁工具。

（5）操作举升机，下降车辆：

A负责操作举升机；

B负责观察举升机周围是否有障碍物，决定车辆是否能够下降。

（6）整理工具、清洁车身：

A负责整理并清洁工具；

B负责清洁车身。

拓展学习

不同的车型，其检查底盘紧固件的方法基本相同，只是结构位置稍有不同，以及所采用的工具的规格和技术参数略有差异。维护时，请仔细查阅维修手册和相关技术资料。下面介绍雪佛兰科鲁兹SGM7166ATC和大众波罗SVW7164BSD车型底盘的部分紧固件的检查操作方法。

一、雪佛兰科鲁兹汽车

（1）后变速器安装支座×前副车架。

力矩：110N·m。

数量：2只。

工具：18mm套筒、短接杆、40~340N·m预置式力矩扳手。

（2）发动机与变速器壳连接螺栓。

力矩：60N·m。

数量：6只。

工具：15mm套筒、10~100N·m预置式力矩扳手。

（3）前副车架×车身。

力矩：160N·m。

数量：2侧×2只。

工具：21mm套筒、短接杆、40~340N·m预置式力矩扳手。

二、大众波罗汽车

（1）前下球节×前下悬架臂。

力矩：20N·m。

数量：2侧×3只。

工具：17mm套筒、短接杆、10~100N·m预置式力矩扳手。

 提示

用预置式力矩扳手预紧至20N·m后，继续旋转90°，每次拆卸该螺母后都要更换新螺母。

（2）稳定杆×稳定杆连杆。

力矩：40N·m。

数量：2侧×1只。

工具：17mm梅花扳手、10~100N·m预置式力矩扳手。

（3）后减振器×后横梁总成。

力矩：40N·m。

数量：2侧×1只。

工具：17mm套筒、短接杆、10~100N·m预置式力矩扳手。

 提示

用预置式力矩扳手预紧至40N·m后，并继续旋转90°。

 工作页

任务名称	检查底盘紧固件			序号	2-14
班级		姓名		地点		日期	
任务要求	学习汽车底盘相关知识，制订工作计划，实施检查和维护，从而学会检查汽车底盘紧固件的方法				

一、收集信息

1.轿车独立悬架的组成。

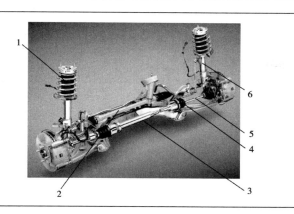

序号	名　　称
1	螺旋弹簧
2	
3	
4	
5	
6	

2. 弹性元件。

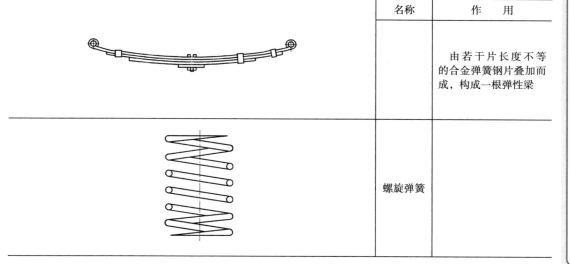

名称	作　　用
	由若干片长度不等的合金弹簧钢片叠加而成，构成一根弹性梁
螺旋弹簧	

3. 液压减振器工作原理。

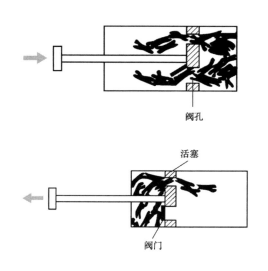

液压减振器工作的基本原理

二、计划决策

成员分工	组号：_____，成员分工：_____
设备工具	卡罗拉汽车、举升机、工具车、车轮挡块、_____
制订计划	
准备工作	检查安全环保措施，熟悉布置工作场景

三、实施任务

1. 检查横拉杆端头×转向节的开口销是否安装到位，若安装不到位，_____。

2. 前悬架横梁加强件固定螺栓的检查方法：_____。

3. 根据检查底盘紧固件的操作项目和方法，补全表中内容。

项　目	检查方法
	力矩大小：_____。
	数量：_____。
	工具：_____。

4. 补全底盘紧固件检查项目表。

序号	项　目	力矩	数量	工　具
1	前下球节×前下悬架臂	89N·m	2侧×3只	
2	前制动卡钳×转向节	107N·m	2侧×2只	
3	稳定杆连杆×前减振器		2侧×1只	φ17mm梅花扳手、内六角扳手
4	稳定杆×稳定杆连杆	74N·m	2侧×1只	
5	前悬架横梁前支架×前悬架横梁		2侧×4只	φ17mm套筒、短接杆、10~100N·m预置式力矩扳手
6		74N·m	1只	两把φ19mm开口扳手
7	横拉杆端头×转向节		2侧×1只	φ19mm开口扳手
8	后桥横梁（拖臂）总成×车身	135N·m		φ22mm套筒、40~340N·m预置式力矩扳手
9	制动轮缸×背板	74N·m	2侧×1只	
10		90N·m	2侧×1只	φ17mm套筒、短接杆、10~100N·m预置式力矩扳手
11	排气管螺栓和螺母	43N·m	6只	
12	燃油箱紧固螺栓	39N·m	4只	

5. 填写作业单。

作 业 单

作业内容	作业要求	检查结果
（1）操作举升机，举升车辆		□正　常 □不正常
（2）选择工具		□正　常 □不正常
（3）调整预置式力矩扳手		□正　常 □不正常
（4）找出紧固件位置		□正　常 □不正常
（5）紧固所有紧固件		□正　常 □不正常
（6）操作举升机，降下车辆		□正　常 □不正常
（7）清洁工具		□正　常 □不正常
（8）整理工具		□正　常 □不正常
（9）清洁举升机		□正　常 □不正常
（10）清洁车身		□正　常 □不正常
（11）清洁场地		□正　常 □不正常

四、检查质量

检查工作计划、记录内容，检查工位复位：_____。

五、评价反思

在教师的指导下，反思自己的工作方式和工作成果。

评 价 表

能力目标	观 察 点	自　评	互　评	技术要求
基本职业能力	紧固前下悬架臂×前悬架横梁	□合　格 □不合格	□合　格 □不合格	按规定选择力矩； 正确使用工具
	紧固后桥横梁（拖臂）总成×车身	□合　格 □不合格	□合　格 □不合格	按规定选择力矩； 正确使用工具
	紧固前减振器×转向节	□合　格 □不合格	□合　格 □不合格	按规定选择力矩； 正确使用工具
	清洁、复位设备和工具等	□合　格 □不合格	□合　格 □不合格	6S要求

能力目标	观察点	自评	互评	技术要求
关键能力	正确查阅维修资料和学习材料	□合 格 □不合格	□合 格 □不合格	适应职业岗位
	合作默契，交流顺畅	□合 格 □不合格	□合 格 □不合格	
个人反思		完成任务的安全、质量、时间和6S要求，是否达到最佳水平，请自己思考并提出改进建议		
教师评价	教师签字： 日　　期：	成　　绩		
		□合　格　　□不合格		

任务 15 检查底盘状况

学　时

6学时

作业场景

（1）作业项目场景及车辆位置如图所示。

检查作业前的场景

作业过程中的车辆位置

（2）实训设备和工具见表2-15。

实训设备和工具　　　　　　　表2-15

序　号	名　　称	型号或规格	数量/工位
1	丰田卡罗拉汽车	GL 1.6AT	1辆
2	剪式举升机	GC-3.5S	1台
3	世达工具车	95109	1辆
4	世达工具车	95111	1辆
5	工作灯	—	1只
6	翼子板布、前格栅布	—	1套
7	座椅套、转向盘套、脚垫	—	1套
8	车轮挡块	—	2块
9	支撑垫块	—	4块
10	手套	—	2副
11	抹布	—	若干
12	拖把	—	1把

 作业安全

（1）操作举升机过程中，作业人员要大声相互提醒，确保作业安全。
（2）作业过程中要及时清洁地面上的油和水，确保操作安全。
（3）检查传动带时不要戴手套，防止手套上的油污粘到传动带的工作表面。
（4）检查排气管等底盘零部件时要戴手套，防止烫伤皮肤。

 学习目标

（1）认识车辆底盘各零部件及检查方法。
（2）培养学生良好的操作习惯和6S意识。

 任务实施

本任务学习底盘零部件的名称、位置和检查方法。

 准备工作

（1）放置车轮挡块。

操作过程中，不得随意移动车辆。

（2）打开点火开关，降下前门窗玻璃。

（3）安装座椅套、转向盘套、脚垫。

（4）变速杆置于P位、拉起驻车制动器操纵杆。

（5）拉起发动机舱盖释放拉手。

（6）放置前格栅布、翼子板布。

（7）检查发动机舱油液液位。

 环保

由于制动液、冷却液，发动机机油为化学制剂或提炼油液，切勿直接排入自然环境中。

①检查制动液液位。

 提示

在工作灯的照明下检查制动液液位是否在最高和最低刻度线之间，若不符合要求，则须进一步检查并维修。

②检查冷却液液位。

 提示

检查方法与制动液液位的检查方法相同。

③检查喷洗液液位。

在工作灯的照明下，抽出喷洗液液位尺，检查液位是否高于最低刻度线，若喷洗液低于最低刻度线，则添加喷洗液至标准位置。

④检查发动机机油液位。

检查机油液位时，首先要将机油液位尺抽出并擦干净，然后将机油液位尺完全插入发动机机油液位尺管内，再次抽出机油液位尺，检查发动机机油的液位。

若液位不符合要求，则须进一步检查并修理。

二、用举升机将车辆升至最高位置

举升机的操作程序详见任务2：操作举升机。

举升车辆的高度可以根据维修作业人员身高作适当的调整。

三、检查发动机各区域的接触面、油封、排放塞是否漏油

（1）检查各区域的接触面是否漏油。

检查时要戴手套，同时用工作灯照明作业，用干净的抹布擦拭各部位，以确定是否漏油。

若抹布上粘上油渍，表明该位置存在漏油现象，则须进一步检查并维修。

检查其他接触面时，必须更换干净的

抹布。

（2）检查油封是否漏油。

若油封存在漏油现象，则须进一步检查并维修。

（3）检查机油排放塞是否漏油。

若机油排放塞存在漏油现象，则须进一步检查并维修。

四 检查自动变速器各区域的接触面、油封、加油塞和排放塞是否漏油

（1）检查自动变速器各区域的接触面是否漏油。

避免直接接触油液，防止伤害皮肤。

与检查发动机各区域接触面的方法相同。

由于自动变速器油为提炼合成油液，切勿直接排入自然环境中。

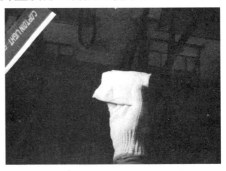

（2）检查油封是否漏油。

与检查发动机油封的方法相同。

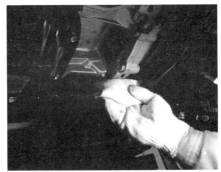

（3）检查自动变速器的加油塞和排放塞是否漏油。

 提示

与检查发动机排放塞的方法相同。

五 检查传动带

（1）检查传动带表面是否有变形、磨损、裂纹、脱层和其他损坏。

 安全

检查传动带时不要戴手套，防止手套上的油污粘到传动带的工作表面。

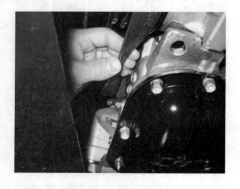

（2）检查传动带安装状况。

 参考

用98N的力推压传动带的中心后部，用金属直尺测量传动带的变形量是否符合要求，若不符合要求，须进一步检查和修理。

若安装了新传动带，变形量：7~8.5mm。

若安装了旧传动带，变形量：11~13mm。

六 检查驱动轴护套

 提示

在工作灯的照明下，边转动车轮，边检查护套是否完好，若有损坏，须作进一步的维修。

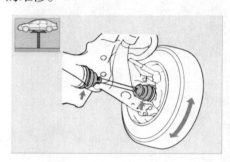

（1）检查驱动轴外侧护套是否有裂纹、损坏，是否有润滑脂泄漏，若有泄漏，须更换外侧护套。

（2）检查驱动轴内侧护套是否有裂

纹和损坏，是否有润滑脂泄漏，若有泄漏，须更换内侧护套。

七 检查左、右转向连接机构

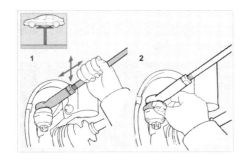

（1）检查左、右转向连接机构是否有松动和摇摆现象。

检查时，要上下左右晃动转向连接机构，检查其是否有松动和摆动现象，若有松动和摆动现象，则须进一步检查和修理。

（2）检查左、右转向连接机构是否有弯曲变形和损坏现象。

在工作灯照明下检查，若有弯曲变形和损坏现象，则须进一步检查和修理。

（3）检查左、右转向连接机构的防尘套是否有裂纹和损坏现象。

①检查外侧防尘套是否有裂纹和损坏，若有裂纹和损坏，须更换外侧防尘套。

②检查内侧防尘套是否有裂纹和损坏，若有裂纹和损坏，须更换内侧防尘套。

八 检查左、右前减振器和螺旋弹簧

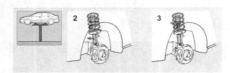

（1）检查左、右前减振器是否损坏和泄漏。

要求戴手套检查减振器是否泄漏，如果手套上粘上油渍，表明减振器有泄漏，须更换新的减振器。

（2）检查左、右前螺旋弹簧是否损坏。

检查时，要用手轻拉螺旋弹簧，判断其是否损坏，若损坏，则须更换新的螺旋弹簧。

九 检查左、右转向节

检查时，要用手轻拉转向节，判断其是否有松动和损坏，若有松动和损坏，则须进一步检查和修理。

十 检查左、右前悬架下臂

检查时，要用手轻拉下臂，判断其是否松动和损坏，若有松动和损坏，则须进一步检查和修理。

十一 检查拖臂后桥

检查时，要轻拉拖臂后桥，判断其是否有松动和损坏，若有松动和损坏，则须进一步检查和维修。

十二 检查左、右后减振器和螺旋弹簧

（1）检查左、右后减振器是否损坏和泄漏。

与检查前减振器方法相同。

（2）检查左、右后螺旋弹簧是否损坏。

与前螺旋弹簧检查方法相同。

十三 检查制动管路和软管的损坏、变形、泄漏和安装情况

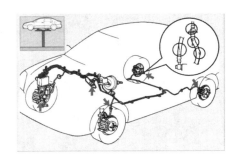

（1）检查前轮制动管路和软管是否有损坏、变形、泄漏现象和安装情况。

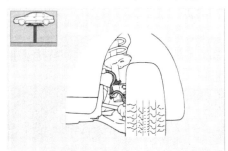

①检查制动管路和软管是否存在扭曲、裂纹、凸起和泄漏现象，若存在扭曲、裂纹、凸起和泄漏现象，则须进一步修理。

②检查前轮制动管路和软管安装情况是否良好。

软管在任何状况下都不应与车轮和车身接触碰擦。用手扳动车轮至任一侧，同时转动车轮，检查软管与车轮和车身是否存在碰擦现象，若存在碰擦现象，则须进一步修理。

（2）检查后轮制动管路和软管是否有损坏、变形、泄漏现象和安装情况。

 提示

若有损坏、变形、泄漏和碰擦现象，则须进一步修理。

（3）检查制动管路是否损坏，制动管路安装情况是否良好。

①检查制动管路是否有压痕和其他损坏，是否存在泄漏现象，若有泄漏，则须进一步修理。

②检查制动管路安装状况是否良好。

 安全

用手轻拉制动管路的前端和后端，检查制动管路是否安装到位，若出现松脱现象，则须进一步修理。

十四　检查燃油管路的损坏、变形、泄漏和安装情况

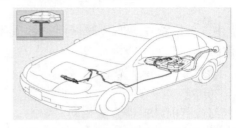

（1）检查燃油管路是否有压痕或其他损坏，是否存在泄漏现象，若存在泄漏现象，则须进一步检查和修理。

 安全

燃油为易燃易爆品，如发现燃油泄漏，应杜绝明火，妥善处理。

（2）检查燃油管路安装状况是否良好。

 提示

用手轻拉底盘上燃油管路的前、后端，检查制动管路是否安装到位，若存在松脱现象，则须进一步修理。

十五　检查排气管和安装件

检查排气管时要戴手套,防止烫伤皮肤。

(1) 检查排气管是否损坏和泄漏,若存在损坏和泄漏现象,则须进一步检查和修理。

(2) 检查消声器是否损坏,若损坏,则需进一步检查和修理。

(3) 检查排气管吊耳是否损坏或脱落。

用手轻拉吊耳,观察其是否有损坏和脱落现象,若存在损坏和脱落现象,则须进一步检查和修理。

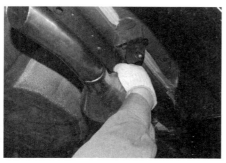

(4) 检查密封垫片是否损坏,若有损坏,则须进一步检查和修理。

十六　清洁作业场地

十七　操作举升机,下降车辆至最低位置

举升机的操作程序详见任务2:操作举升机。

十八 收回翼子板布、前格栅布，关闭发动机舱盖

十九 收回座椅套、转向盘套、脚垫，并分类放到指定的垃圾箱内

 环保

垃圾分类丢弃，有利于资源回收利用。

二十 清洁车身、举升机、场地

（1）清洁车身。

 提示

凡是接触过的车身部分，都必须清洁一遍。

（2）清洁举升机。

（3）清洁场地。

 实训安排

一 独立学习

单人按照上述操作步骤独立完成学习任务。

二 合作学习

双人小组学习，每个工位为一个小组，成员有操作员A和操作员B，A和B的

分工主要以车内和车外、前部和后部来确定，具体配合如下。

（1）做好作业前的准备工作：

A 负责安装翼子板布、前格栅布；

B 负责安装座椅套、转向盘套、脚垫。

（2）举升车辆：

A 负责操作举升机，举升车辆；

B 负责检查车辆周围是否有障碍物，以确定是否可以安全举升。

（3）检查底盘状况：

A 负责检查底盘前悬架部分，包括发动机、自动变速器、发动机传动带、左右前减振器、左右前螺旋弹簧、转向节、悬架下臂等；

B 负责检查底盘后悬架部分，及制动管路、燃油管路、排气管等。

（4）下降车辆：

A 负责操作举升机，下降车辆；

B 负责检查车辆周围是否有障碍物，以确定是否可以安全下降。

（5）整理工具、清洁车身：

A 负责整理工具；

B 负责清洁车身。

（6）整理和清洁工具及工具箱，清洁场地：

A 负责清洁场地；

B 负责整理和清洁工具、工具箱。

拓展学习

不同的车型,其检查底盘状况的方法基本相同,只是结构位置稍有不同,以及所采用的辅料略有差异。下面介绍雪佛兰科鲁兹SGM7166ATC汽车和大众波罗SVW7164BSD汽车个别位置的零部件的检查方法。

一 雪佛兰科鲁兹汽车

(1)检查传动带表面是否有变形和磨损、裂纹、脱层或其他损坏现象。

检查时不要戴手套,同时要保持手部整洁。

(2)检查动力转向机构:用手轻拉动力转向机构,检查是否有摆动、松动和扭曲变形现象。

(3)检查减振器:检查减振器是否有损坏和泄漏现象。

(4)检查螺旋弹簧:检查螺旋弹簧是否有损坏现象。

(5)检查排气管:检查排气管是否有变形、损坏和锈蚀现象。

检查排气管时,必须戴手套,以免烫伤皮肤。

(6)检查拖臂后桥:检查拖臂后桥是否有变形、损坏现象。

二 大众波罗汽车

（1）检查传动带表面是否有变形和磨损、裂纹、脱层或其他损坏现象。

检查时不要戴手套，同时要保持手部整洁。

（2）检查动力转向机构：用手轻拉动力转向机构，检查是否有摆动、松动和扭曲变形现象。

（3）检查减振器：检查减振器是否有损坏和泄漏现象。

（4）检查螺旋弹簧：检查螺旋弹簧是否有损坏现象。

（5）检查排气管消声器：检查排气管消声器是否有变形、损坏和锈蚀现象。

检查消声器时，必须戴手套，以免烫伤皮肤。

（6）检查拖臂后桥：检查拖臂后桥是否有变形、损坏现象。

工作页

任务名称		检查底盘状况				序号	2-15
班级		姓名		地点		日期	
任务要求		学习发动机冷却系统、传动系统及底盘主要元件的相关知识，制订工作计划，实施检查和维护，从而学会检查底盘状况的方法					

一、收集信息

1. 汽车底盘传动系统的组成。

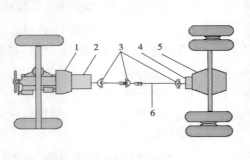

序号	名　　称
1	离合器
2	
3	
4	
5	
6	传动轴

2. 检查底盘状况，写出图示总成及作用。

名称	作　　用

二、计划决策

成员分工	组号：＿＿＿＿，成员分工：＿＿＿＿＿＿＿＿＿＿＿＿＿＿＿＿＿
设备工具	卡罗拉汽车、举升机、工具车、车轮挡块、＿＿＿＿＿＿＿＿＿＿＿＿＿＿＿
制订计划	
准备工作	检查安全环保措施，熟悉布置工作场景

三、实施任务
1.检查发动机舱油液液位,包括_____、_____、_____和_____。
2.检查发动机各区域的接触面是否漏油的方法:_____。
3.请填写下列零部件的检查方法。

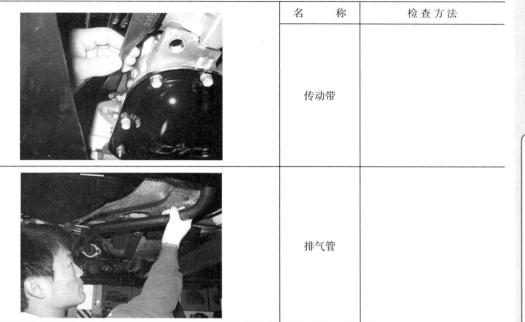

名　　称	检查方法
传动带	
排气管	

4.填写作业单。

作　业　单

项　　目	作业内容	作业要求	检查结果
准备工作	(1)安装车轮挡块		□正　常 □不正常
	(2)安装驾驶室内3件套		□正　常 □不正常
	(3)放置翼子板布、前格栅布		□正　常 □不正常
操作举升机、上升车辆至最高位置	—		□正　常 □不正常
检查发动机各区域接触面、油封、排放塞是否泄漏	(1)检查各区域接触面		□正　常 □不正常
	(2)检查油封		□正　常 □不正常
	(3)检查排放塞		□正　常 □不正常
检查自动变速器各区域接触面、油封、排放塞是否泄漏	(1)检查各区域接触面		□正　常 □不正常
	(2)检查油封		□正　常 □不正常
	(3)检查排放塞		□正　常 □不正常

项　目	作业内容	作业要求	检查结果
检查传动带	（1）检查传动带是否变形		□正　常 □不正常
	（2）检查传动带是否有裂纹和异常磨损		□正　常 □不正常
	（3）检查传动带安装是否良好		□正　常 □不正常
检查转向连接机构	（1）检查转向连接机构是否有摆动和松动现象		□正　常 □不正常
	（2）检查转向连接机构是否有扭曲变形现象		□正　常 □不正常
	（3）检查转向连接机构内、外侧防尘罩是否有开裂和损坏现象		□正　常 □不正常
检查驱动轴内、外侧护套是否有裂纹和损坏现象	—		□正　常 □不正常
检查减振器	（1）检查减振器是否损坏		□正　常 □不正常
	（2）检查减振器是否有泄漏现象		□正　常 □不正常
检查螺旋弹簧是否损坏	—		□正　常 □不正常
检查转向节是否有松动和损坏现象	—		□正　常 □不正常
检查悬架下臂是否有变形和损坏现象	—		□正　常 □不正常
检查拖臂后桥是否有变形和损坏现象	—		□正　常 □不正常
检查制动管路和软管	（1）检查制动管路和软管是否有变形、损坏和泄漏现象		□正　常 □不正常
	（2）检查制动管路和软管安装是否良好		□正　常 □不正常
检查燃油管路	（1）检查燃油管路是否有变形、损坏和泄漏现象		□正　常 □不正常
	（2）检查燃油管路安装是否良好		□正　常 □不正常
检查排气管路	（1）检查排气管路是否损坏		□正　常 □不正常
	（2）检查消声器是否有变形、损坏和锈蚀现象		□正　常 □不正常
	（3）检查吊耳是否有损坏和脱落现象		□正　常 □不正常
	（4）检查密封垫片是否损坏		□正　常 □不正常
操作举升机、下降车辆至最低位置	—		□正　常 □不正常
收回翼子板布、前格栅布	—		□正　常 □不正常
收回驾驶室内3件套	—		□正　常 □不正常
清洁工具、整理工具	—		□正　常 □不正常

项　　目	作业内容	作业要求	检查结果
清洁车身、举升机、场地	（1）清洁车身		□正　常 □不正常
	（2）清洁举升机		□正　常 □不正常
	（3）清洁场地		□正　常 □不正常

四、检查质量
检查工作计划、记录内容，检查工位复位：_____
_____。

五、评价反思
在教师的指导下，反思自己的工作方式和工作成果。

评 价 表

能力目标	观 察 点	自　评	互　评	技术要求
基本职业能力	检查各区域的接触面是否漏油	□合　格 □不合格	□合　格 □不合格	戴手套，用工作灯照明，用干净的抹布擦拭各部位，以确定是否漏油
	检查左、右转向连接机构	□合　格 □不合格	□合　格 □不合格	上下晃动转向连接机构，检查其是否有松动和摆动现象
	检查左、右前减振器	□合　格 □不合格	□合　格 □不合格	戴手套检查减振器是否泄漏，如泄漏，须更换新的减振器
	检查制动管路和软管	□合　格 □不合格	□合　格 □不合格	管路和软管是否存在扭曲、裂纹、凸起和泄漏现象，若存在，则须进行更换
	检查燃油管路安装状况	□合　格 □不合格	□合　格 □不合格	用手轻拉底盘上的燃油管路的前后端，检查制动管路是否安装到位
	检查排气管和安装件	□合　格 □不合格	□合　格 □不合格	必须戴手套，检查排气管是否损坏和泄漏，检查消声器是否损坏。用手轻拉排气管吊耳，检查是否有损坏或脱落
	清洁、复位设备和工具等	□合　格 □不合格	□合　格 □不合格	6S要求
关键能力	正确查阅维修资料和学习材料	□合　格 □不合格	□合　格 □不合格	适应职业岗位
	合作默契，交流顺畅	□合　格 □不合格	□合　格 □不合格	
个人反思		完成任务的安全、质量、时间和6S要求，是否达到最佳水平，请自己思考并提出改进建议			
教师评价	教师签字： 日　　期：	成　　绩			
		□合　格　　□不合格			

任务 16 检查车轮

学　时

6学时

作业场景

（1）作业项目场景如图所示。

车辆顶起位置

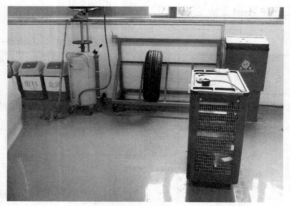

检查车轮场景

（2）实训设备和工具见表2-16。

实训设备和工具 表2-16

序号	名称	型号或规格	数量/工位
1	丰田卡罗拉汽车	GL 1.6AT	1辆
2	剪式举升机	GC-3.5S	1台
3	世达工具车	95109	1辆
4	世达工具车	95111	1辆
5	车轮拆装托架	—	1台
6	世达风动扳手	01113A 1/2′	1件
7	世达风动套筒	09008 10~24mm	1套
8	世达预置式力矩扳手	40~340N·m	1件
9	世达套筒组套	09099 32件	1套
10	胎压表	—	1个
11	轮胎花纹深度规	—	1个
12	肥皂水	—	1杯
13	毛刷	—	1把
14	抹布	—	若干

 作业安全

（1）严格遵守举升机操作规范。
（2）使用风动扳手时禁止戴手套。
（3）按技术要求拆卸车轮。

 学习目标

（1）熟悉风动扳手的操作要点。
（2）规范拆卸和安装车轮。
（3）正确使用工量具。
（4）完成车轮检查的所有内容。

 任务实施

车轮检查包括车轮轴承、轮胎外观、轮辋的检查以及胎面沟槽深度和轮胎气压的测量。

一　检查车轮轴承

（1）举升车辆到合适高度。

遵守有关操作举升机的规定。
使用合适的工具。

举升高度与操作者齐胸。

确保举升机安全锁止后，才可以作业。

（2）检查轴承有无摆动。

操作者双手分别放在上下胎面，用力轴向推拉车轮。

戴手套检查。

若有摆动，使用制动锁顶住制动踏板，重复检查。

①摆动不明显，则原因是车轮轴承。
②摆动较明显，则原因是球节或主销等。

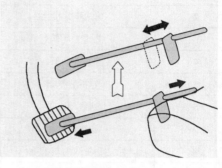

（3）检查轴承转动状况和有无噪声。

手放在胎面，转动车轮。

二　拆卸车轮

（1）连接风动扳手和气管。

不许戴手套。

（2）检查风动扳手力矩。

（3）检查风动扳手旋向。

不能安装了套筒再检查风动扳手旋向。

（4）安装风动扳手套筒。

21mm风动套筒要安装牢靠。

（5）拆卸轮毂螺母。

按照交叉顺序，拆卸轮毂螺母，拆下的螺母要码放整齐。

（6）取下车轮至车轮拆装托架。

车轮不要着地。

三 检查轮胎

（1）检查胎面和胎壁是否有裂纹或损坏。

检查时，戴手套，慢慢转动车轮一圈，边旋转边目视检查轮胎。

若有较大裂纹或损坏，要更换轮胎。

环保

废弃轮胎交回收处理公司。

（2）检查轮胎是否嵌入金属颗粒或其他异物。

若有异物嵌入，应取出。

（3）检查轮辋是否损坏或腐蚀。

检查中，应戴手套和目视检查。

（4）检查轮胎是否异常磨损。

提示

①目视检查轮胎整个外观，是否有不均匀磨损，若有，则做进一步检查，如检查气压、作车轮动平衡等。

②观察胎面磨损标记，若磨损已到磨损标记，则应更换轮胎。

（5）测量胎面沟槽深度。
①清洁深度规。

②对深度规校零。

③每个沟槽至少测量3处的深度。

测量时，深度规要垂直于胎面。

（6）测量轮胎气压。
①对轮胎气压表校零。
②旋下气门芯帽。

③按压气压表手柄,测量气压值。

 参考

轮胎气压应符合车辆技术要求,此轮胎气压冷态为220kPa,备胎气压大于此值。

 注意

测量时,测量头要对准气门芯,不能放气。

(7)检查轮胎是否漏气。
①用毛刷蘸些肥皂水,涂抹在气门芯及其周围,观察有无气泡。

②清洁气门芯。

 注意

检查完毕必须旋紧气门芯帽。

四 安装车轮

(1)临时安装车轮。

 安全

使用合适的工具。

 参考

手持轮毂螺母,按交叉顺序旋紧。

(2)用摇把预紧轮毂螺母。

(3)下降举升机至车轮着地。
调整力矩扳手,力矩为103N·m。

(4)检查力矩扳手旋向。

（5）安装中接杆、21mm套筒和力矩扳手。

4个车轮均要紧固。

操作者的手不能触地，谨防伤手。

（6）紧固车轮。
按交叉顺序，使用103N·m力矩拧紧轮毂螺母。

 五 | 6S

清洁设备、工具并归位。
清扫场地，分类丢弃废弃物。

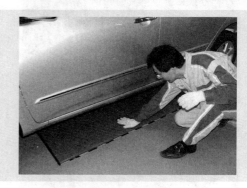

 实训安排

一 独立学习

单人按照上述操作步骤独立完成学习任务。

二 合作学习

双人小组学习，每个工位为一个小组，成员有操作员A和操作员B，A和B的分工主要以左侧和右侧、检查和辅助来确定，具体配合如下。
（1）检查车轮轴承：

A负责操作举升机，检查左侧轴承；
B负责举升前的安全检查，检查右侧轴承。

（2）拆卸车轮：

A 负责整理工具和辅料，扶住车轮、取下车轮，记录检查结果；

B 负责检查风动扳手和套筒等的连接情况，拆卸轮毂螺母，检查轮胎。

（3）安装车轮和6S：

A 负责预紧车轮，下降举升机，紧固车轮，清洁设备；

B 负责扶住车轮，确认可以下降，整理工具，清扫场地。

 拓展学习

不同的车型，其检查车轮的方法基本相同，只是结构位置稍有不同，以及所采用工具的规格和技术参数略有差异。维护时，请仔细查阅维修手册和相关技术资料。下面介绍雪佛兰科鲁兹SGM7166ATC汽车和大众波罗SVW7164BSD汽车与丰田卡罗拉汽车在车轮方面的主要区别。

一、雪佛兰科鲁兹汽车

（1）轮辋和轮毂螺母，螺母尺寸为19mm。

（2）轮胎气压标签在驾驶人侧后门下方，如轮胎规格为205/65 R15 94V，气压值为230kPa。

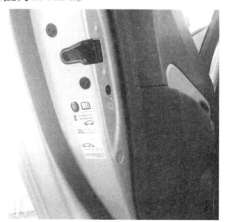

二、大众波罗汽车

（1）轮辋和轮毂螺母，螺母尺寸为17mm。

（2）轮胎气压标签在加油口盖内侧，如轮胎规格为185/60 R14 82H，空载时，前轮气压值为220kPa，后轮气压值为200kPa。

工作页

任务名称	检查车轮			序号	2-16
班级		姓名	地点	日期	
任务要求	学习行驶系统知识，制订工作计划，实施检查和维护，从而学会检查和测量汽车车轮的轴承、轮辋、胎面的方法				

一、收集信息

1. 辐板式车轮的结构及作用。

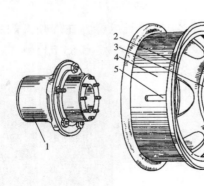

序号	名称	作用
1		通过轴承装在转向节轴径上，用于连接车轮与车桥
2	挡圈	—
3	辐板	
4		
5	气门嘴伸出口	—

2. 轮胎的结构及类型。

序号	名　称	类　　型	
1		子午线	斜交
2		解释轮胎规格： 185/60 R14 82H	B-d
3	胎侧		
4	胎圈		
5			
6	缓冲层		
7	帘布层		

3. 技术参数。

项　　目	技术参数
车轮螺母的规格	
轮胎气压（冷态）	
车轮螺母的拧紧力矩	

二、计划决策

成员分工	组号：＿＿＿＿＿＿，成员分工：＿＿＿＿＿＿＿＿＿＿＿＿＿＿＿＿
设备工具	卡罗拉汽车、举升机、工具车、车轮挡块、＿＿＿
制订计划	
准备工作	检查安全环保措施，熟悉布置工作场景

三、实施任务
1. 检查车轮时，举升机上升到合适高度为＿＿＿＿，应注意：＿＿＿＿＿＿＿＿＿＿＿＿＿＿＿。
2. 使用风动扳手，应注意：＿＿＿＿＿＿＿＿＿＿＿＿＿＿＿＿＿＿＿＿＿＿＿＿。
3. 若胎面和胎侧有较大裂纹或损坏，要＿＿＿＿＿＿＿＿＿＿＿＿＿＿＿＿＿＿＿＿＿＿。
4. 填写作业单。

作　业　单

项　　目	作业内容	作业要求	检查结果	测量值
检查车轮轴承	（1）举升车辆到合适高度		□正　常 □不正常	—
	（2）检查轴承有无摆动		□正　常 □不正常	—
	（3）检查轴承转动状况和有无噪声		□正　常 □不正常	—

项 目	作业内容	作业要求	检查结果	测量值
拆卸车轮	（1）连接风动扳手和气管		□正　常 □不正常	—
	（2）检查风动扳手力矩		□正　常 □不正常	—
	（3）检查风动扳手旋向		□正　常 □不正常	—
	（4）安装风动扳手套筒		□正　常 □不正常	—
	（5）拆卸轮毂螺母		□正　常 □不正常	—
	（6）取下车轮至车轮拆卸托架		□正　常 □不正常	—
检查轮胎	（1）检查胎面和胎侧是否有裂纹或损坏		□正　常 □不正常	—
	（2）检查轮胎是否嵌入金属颗粒或其他异物		□正　常 □不正常	—
	（3）检查轮辋是否损坏或腐蚀		□正　常 □不正常	—
	（4）检查轮胎是否异常磨损		□正　常 □不正常	—
	（5）测量胎面沟槽深度		□正　常 □不正常	
	（6）测量轮胎气压		□正　常 □不正常	
	（7）检查轮胎是否漏气		□正　常 □不正常	—
安装车轮	（1）临时安装车轮		□正　常 □不正常	—
	（2）用摇把预紧轮毂螺母		□正　常 □不正常	—
	（3）下降举升机至车轮着地		□正　常 □不正常	—
	（4）检查力矩扳手旋向		□正　常 □不正常	—
	（5）安装接长杆、套筒和力矩扳手		□正　常 □不正常	—
	（6）紧固轮毂螺母		□正　常 □不正常	—
6S	整顿、清洁工具，清扫场地		□正　常 □不正常	—

四、检查质量
检查工作计划、记录内容，检查工位复位：_____
_____。

五、评价反思

在教师的指导下,反思自己的工作方式和工作成果。

评 价 表

能力目标	观 察 点	自 评	互 评	技 术 要 求
基本职业能力	检查车轮轴承	□合 格 □不合格	□合 格 □不合格	轴承无摆动,转动无噪声
	正确使用风动扳手	□合 格 □不合格	□合 格 □不合格	套筒规格、力矩符合车型要求,连接可靠,旋向正确
	检查轮胎	□合 格 □不合格	□合 格 □不合格	无损坏、无变形,磨损、气压符合厂家规定
	清洁、复位设备和工具等	□合 格 □不合格	□合 格 □不合格	6S要求
关键能力	正确查阅维修资料和学习材料	□合 格 □不合格	□合 格 □不合格	适应职业岗位
	合作默契,交流顺畅	□合 格 □不合格	□合 格 □不合格	
个人反思		完成任务的安全、质量、时间和6S要求,是否达到最佳水平,请自己思考并提出改进建议		
教师评价	教师签字: 日　　期:	成　　绩		
		□合　格　　　□不合格		

项目二　实施汽车二级维护基本作业

任务 17 检查盘式制动器

学　　时

10学时

作业场景

（1）作业项目场景及检查制动器使用的工量具如图所示。

检测制动器场景

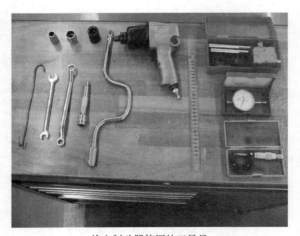

检查制动器使用的工量具

（2）实训设备和工具见表2-17。

实训设备和工具　　　　　　　　　　表2-17

序号	名称	型号或规格	数量/工位
1	丰田卡罗拉汽车	GL 1.6AT	1辆
2	剪式举升机	GC-3.5S	1台
3	世达工具车	95109	1辆
4	世达工具车	95111	1辆
5	车轮拆装托架	—	1台
6	世达风动扳手	01113A 1/2′	1件
7	世达风动套筒	09008　10~24mm	1套
8	世达预置式力矩扳手	10~100 N·m 40~340 N·m	各1把
9	世达套筒组套	09099　32件	1套
10	呆板手、梅花扳手	14~17mm	各1把
11	外径千分尺	0~25mm	1把
12	金属直尺	300mm	1把
13	百分表	0~10mm	1只
14	磁力表座及支架	—	1套
15	S形钩子	—	1个
16	抹布	—	若干

作业安全

（1）规范操作设备和使用工量具。

（2）按技术要求拆装制动盘和卡钳。

（3）拆装时，零部件和工具码放整齐。

学习目标

（1）了解盘式制动器结构。

（2）熟练查阅维修手册。

（3）制定盘式制动器检测流程。

（4）按规范检测盘式制动器。

任务实施

　　丰田卡罗拉GL 1.6AT汽车前轮制动器是盘式制动器，下面以检测左前轮盘式制动器为例介绍其操作步骤。

一 准备工作

（1）安装3件套。

安全

遵守有关操作举升机的规定。

参考

见任务4：检查车身中安装3件套。

（2）将变速杆置于空挡。

（3）释放驻车制动器操纵杆。

提示

驻车制动器操纵杆释放后，驻车制动器指示灯熄灭。

（4）将车辆举升到适当高度后，安全锁止。

参考

见任务16：检查车轮中，举升车辆。

（5）拆卸左前轮，并使用2个螺母紧固制动盘。

参考

见任务16：检查车轮中拆卸车轮。

二 检测制动摩擦块

（1）拆卸制动轮缸。

提示

右手使用14~17mm呆扳手固定制动器制动轮缸滑销，左手使用14~17mm梅花扳手拆下制动轮缸2个固定螺栓。

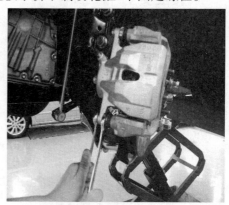

（2）检查制动轮缸处有无制动液泄漏。

提示

使用S形钩子将制动轮缸挂起。

安全

制动液是有毒物质，避免接触皮肤和

眼睛。

制动液对水有轻微污染，不得排入水系；必须用液态吸附材料清除溅出的制动液。

（3）拆卸前制动摩擦块。

从制动器制动轮缸固定架上拆下内侧和外侧2个制动摩擦块。

（4）测量制动摩擦块厚度。

①使用金属直尺测量外侧摩擦块的厚度，读出3处的测量值。若实测厚度小于最小厚度，则成对更换摩擦块。
②目视检查内侧摩擦块厚度。

标准厚度为12.0mm，最小厚度为1.0mm。

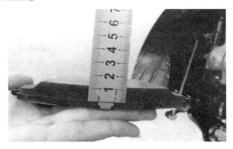

（5）目视检查摩擦块是否有不均匀磨损。

目视检查磨损指示器和消声垫片。

更换摩擦块时，必须同时更换磨损指示器和消声垫片。

三　检测制动盘

见维修手册BR—44。
（1）清洁制动盘，检查制动盘是否有异常磨损或损坏。

吸除制动器上的磨屑，而不是吹除。

（2）清洁外径千分尺并校零。

（3）测量前制动盘厚度。

提示

均匀测量3处的厚度。若实测厚度小于最小厚度，则更换前制动盘。

参考

标准厚度为22.0mm，最小厚度为19.0mm。

（4）拆卸制动器制动轮缸固定架。

提示

①拆下转向节和制动器制动轮缸固定架的2个固定螺栓。
②制动轮缸固定架和螺栓放置工具车上。

（5）拆卸前制动盘。

提示

预先在制动盘和车桥轮毂上作装配标记。

（6）检查前桥轮毂轴承松紧度。

提示

①安装磁力表座、支架和百分表。百分表要清洁和校零。

②测量轮毂轴承游隙。

安全

百分表必须安装牢靠，且垂直于测量表面。检查时，推拉前桥轮毂分总成。

参考

最大值为0.05mm，若实测值超过最大值，则更换前桥轮毂分总成。

204

（7）检测前桥轮毂的径向圆跳动。

检查时，转动前桥轮毂分总成。

最大值为0.05mm，若实测值超过最大值，则更换前桥轮毂分总成。

（8）安装前制动盘。

对准制动盘和轮毂的装配标记。

（9）固定制动盘。

配合使用SST和预置式力矩扳手拧紧2个轮毂螺母，紧固制动盘。

力矩为103N·m。

（10）检测制动盘径向圆跳动。

百分表在距离制动盘外缘10mm处测量。

制动盘最大径向圆跳动为0.05mm。若实测值超过最大值，则改变制动盘的安装位置；若再次测量，径向圆跳动仍超过最大值，则研磨制动盘。否则更换制动盘。

四 安装制动轮缸总成

（1）安装制动器制动轮缸固定架至转向节。

使用预置式力矩扳手拧紧2只螺栓。

参考

力矩为107N·m。

（2）安装前制动摩擦块。

①2个摩擦块分别安装在制动轮缸固定架和制动盘的内外侧，不允许装反。

②确保摩擦块表面或制动盘的摩擦表面没有油污或润滑脂。

（3）安装制动轮缸总成。

提示

配合使用预置式力矩扳手和呆扳手，拧紧2个螺栓，将制动轮缸总成安装至制动轮缸固定架上。

参考

力矩为34N·m。

（3）实施驻车制动。下降车辆至车轮完全着地，将变速杆置于P位，拉起驻车制动器操纵杆，放置车轮挡块。

提示

拉起驻车制动器操纵杆6~9牙，伴随"咔哒"声。

五 安装前轮

（1）拆下轮毂螺母。

安全使用风动扳手。

（2）临时安装车轮。

见任务16：检查车轮中安装车轮。

一手扶住轮胎，一手拧紧螺母，分几次交叉作业。

踩下制动踏板数次，以消除间隙。

（4）紧固车轮。

使用力矩扳手将轮毂螺母再紧固至规定力矩。

见任务16：检查车轮中紧固车轮。拧紧力矩为103N·m。

 6S

清洁设备、工具并归位。
清扫场地，分类丢弃废弃物。

 实训安排

一 独立学习

单人按照上述操作步骤独立完成学习任务。

二 合作学习

双人小组学习，每个工位为一个小组，成员有操作员A和操作员B，A和B的分工主要以车内和车外、检测和辅助来确定；具体配合如下。

（1）准备工作：
A 负责举升车辆，拆卸左前轮；
B 负责安装3件套，将变速杆置于空挡，释放驻车制动器操纵杆。

（2）检测制动摩擦块和制动盘厚度：
A 负责检测制动摩擦块厚度和磨损情况；
B 负责检测制动盘厚度和磨损情况。

（3）检测前桥轮毂轴承松紧度和径向圆跳动，以及制动盘的径向圆跳动：

A 负责检测轮毂轴承游隙和径向圆跳动；

B 负责推拉和转动前桥轮毂分总成。

（4）安装制动轮缸总成：

A 负责安装摩擦块和制动轮缸总成；

B 负责传递工具，检查力矩扳手旋向和力矩。

（5）安装前轮和6S：

A 负责拆下轮毂螺母，扶住轮胎，准备力矩扳手，实施驻车制动，清扫场地和分类丢弃废弃物；

B 负责临时安装车轮，下降车辆，放置车轮挡块，紧固车轮和清洁整理工具。

拓展学习

不同的车型，但盘式制动器的检查方法基本相同，只是结构位置稍有不同，以及所采用工具的规格和技术参数略有差异。维护时，请仔细查阅维修手册和相关技术资料。下面介绍雪佛兰科鲁兹SGM7166ATC和大众波罗SVW7164BSD车型与丰田卡罗拉车型在前轮制动器方面的主要区别。

一、雪佛兰科鲁兹汽车

（1）制动盘和制动轮缸总成。

（2）制动摩擦块。

二、大众波罗汽车

（1）制动盘和制动轮缸总成。

（2）摩擦块。

  工作页

任务名称	检测盘式制动器		序号	2-17
班级		姓名	地点	日期
任务要求	学习制动系统知识，制订工作计划，实施检查和测量，从而学会盘式制动器的检测方法			

一、收集信息
1. 汽车盘式制动器的主要组成。

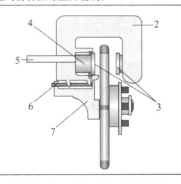

序 号	名 称
1	
2	
3	
4	
5	制动液进口
6	滑销
7	转向节

2. 盘式制动器的工作过程。

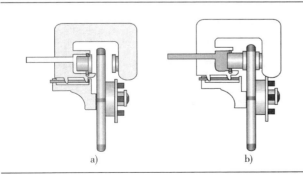

制动时，来自制动_____的制动液通过进口进入_____，推动活塞及其上的活动摩擦块_____移动，并压向_____上，如图a)所示，同时制动盘给活塞一个_____的反作用力，使得活塞连同_____沿滑销_____移动，直到外侧的_____也压靠到_____上，如图b)所示，此时两侧摩擦块夹紧制动盘，实现制动

3. 盘式制动器基本信息。

项　目	技术参数
摩擦块厚度	
制动盘厚度	
轮毂轴承松弛度	
轮毂轴承径向圆跳动	
制动盘径向圆跳动（距离制动盘边缘10mm处测量）	
制动轮缸固定架与转向节，力矩	
制动轮缸总成与固定架，力矩	
紧固车轮螺母，力矩	

二、计划决策

成员分工	组号：_____，成员分工：_____
设备工具	卡罗拉汽车、举升机、工具车、车轮挡块、_____
制订计划	
准备工作	检查安全环保措施，熟悉布置工作场景

三、实施任务

1. 量具使用前，必须_____。
2. 若检查出制动轮缸处有制动液泄漏，应该_____。
3. 检查内侧摩擦块厚度，通常采用_____的方法。
4. 实施驻车制动时，为什么要踩制动踏板数次？

5. 填写作业单。

作　业　单

项　目	作业内容	作业要求	检查结果	测量值
准备工作	（1）安装3件套		□正　常 □不正常	—
	（2）释放驻车制动器操纵杆		□正　常 □不正常	—
	（3）举升车辆到适当高度，安全锁止		□正　常 □不正常	—
	（4）拆卸左前轮，用2个螺母紧固制动盘		□正　常 □不正常	—

项　　目	作业内容	作业要求	检查结果	测量值
检测制动摩擦块	（1）拆卸制动轮缸		□正　常 □不正常	—
	（2）检查制动轮缸处有无制动液泄漏		□正　常 □不正常	—
	（3）拆卸前制动摩擦块		□正　常 □不正常	—
	（4）测量制动摩擦块厚度		□正　常 □不正常	
	（5）目视检查摩擦块是否有不均匀磨损		□正　常 □不正常	—
检测制动盘	（1）检查制动盘是否有异常磨损或损坏		□正　常 □不正常	—
	（2）测量前制动盘厚度		□正　常 □不正常	
	（3）拆卸制动器制动轮缸固定架		□正　常 □不正常	—
	（4）拆卸前制动盘		□正　常 □不正常	—
	（5）检查前桥轮毂轴承游隙		□正　常 □不正常	
	（6）检测前桥轮毂的径向圆跳动		□正　常 □不正常	
	（7）安装前制动盘		□正　常 □不正常	—
	（8）检测制动盘径向圆跳动		□正　常 □不正常	
安装制动轮缸总成	（1）安装制动器制动轮缸固定架至转向节		□正　常 □不正常	—
	（2）安装前制动摩擦块		□正　常 □不正常	—
	（3）安装制动轮缸总成		□正　常 □不正常	—
安装前轮	（1）临时安装车轮		□正　常 □不正常	—
	（2）实施驻车制动		□正　常 □不正常	—
	（3）紧固车轮		□正　常 □不正常	—
6S	整顿、清洁工具，清扫场地		□正　常 □不正常	

四、检查质量
检查工作计划、记录内容，检查工位复位：_____
_____。

五、评价反思
在教师的指导下，反思自己的工作方式和工作成果。

评价表

能力目标	观察点	自评	互评	技术要求
基本职业能力	检查制动轮缸	□合格 □不合格	□合格 □不合格	油封完好、无泄漏
	检查制动摩擦块	□合格 □不合格	□合格 □不合格	磨损无异常，无变形，厚度符合规定
	检查轮毂轴承	□合格 □不合格	□合格 □不合格	轮毂轴承间隙符合要求，无松旷
	检查制动盘	□合格 □不合格	□合格 □不合格	无损坏、无污垢，厚度、跳动量符合规定
	清洁、复位设备和工具等	□合格 □不合格	□合格 □不合格	6S要求
关键能力	正确查阅维修资料和学习材料	□合格 □不合格	□合格 □不合格	适应职业岗位
	合作默契，交流顺畅	□合格 □不合格	□合格 □不合格	
个人反思		完成任务的安全、质量、时间和6S要求，是否达到最佳水平，请自己思考并提出改进建议		
教师评价	教师签字： 日　　期：	成　绩 □合格　　□不合格		

任务 18　检查空调

4学时

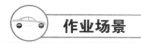

（1）作业项目场景及空调开关如图所示。

检查空调制冷场景

空调开关

（2）实训设备和工具见表2-18。

实训设备和工具　　　　　　　　　　　　表2-18

序 号	名 称	型号或规格	数量/工位
1	丰田卡罗拉汽车	GL 1.6AT	1辆
2	尾气抽排系统	—	1套
3	世达工具车	95109	1辆
4	翼子板布、前格栅布	—	各1套
5	转向盘套、座椅套、脚垫	—	各1套
6	手电筒	—	1个
7	车轮挡块	—	4块

 作业安全

（1）应该对车辆实施驻车制动，安放车轮挡块。
（2）保证车辆起动安全，发动机转速符合测试条件。
（3）严格遵守操作规范。

 学习目标

（1）熟悉空调制冷剂量检查的条件。
（2）根据现象，分析空调制冷剂量。
（3）会查阅维修手册。

 任务实施

发动机以1500r/min转速运转时，检查空调的制冷剂量。

 准备工作

（1）安放车轮挡块。
（2）安装驾驶室内3件套：脚垫、座椅套和转向盘套。
（3）确认变速杆置于P位，拉起驻车制动器操纵杆。
（4）降下车窗玻璃。

防止车辆溜动。

（5）打开发动机舱盖。
（6）安放翼子板布和前格栅布。

（7）检查发动机舱各工作液液面。

见任务5：检查油液。
（8）连接尾气抽排装置。

二 检查空调制冷剂量

（1）起动发动机，打开车门。

确保打开点火开关后，不得接触带电物体，保证作业人员和设备安全。

见维修手册AC—193。

（2）打开 A/C 开关。

鼓风机转速控制开关置于最高位置，温度调节开关置于最冷位置。

（3）控制发动机转速。

发动机运转速度为1500r/min。

（4）检查制冷剂量。

判断空调制冷剂量多少的方法：
①通过空调观察窗，检视气泡情况。

②通过触摸空调高压管和低压管，检查温差情况。

安全

触摸时,严格遵守操作规程,谨防冻伤。

参考

制冷剂量不足时,熄火,检查是否泄漏。

现象	制冷剂量
有气泡	不足
无气泡	空、不足或过量
关闭空调,立即变清澈	过量
关闭空调,立即起泡,然后变清澈	适量
高、低压管无温差	空或不足
高、低压管有温差	适量或过量

① 若无泄漏,则重新加注适量制冷剂。

② 若有泄漏,则视情维修。

安全

加注制冷剂时,戴个人防护装备,避免接触皮肤和眼睛。

制冷剂量过量时,排空空调系统,重新加注适量制冷剂。

环保

制冷剂对水有轻微污染,不允许排入下水道;按废弃物处理规定,收集起来。

(5)关闭空调,关闭点火开关,关闭车门。

三 6S

环保

分类垃圾;清洗水迹。

(1)拆下翼子板布和前格栅布,盖上发动机舱盖。

(2)取下驾驶室内3件套,升起车窗玻璃,丢弃废弃物。

(3)收起车轮挡块。

(4)收起尾气抽排装置,并归位。

(5)清洁地面。

注意

必须把汽车排气管下方的水迹清洗干净。

(6)清洁整理。

注意

清洁整理后,工具辅料归位。

实训安排

 独立学习

单人按照上述操作步骤独立完成学习任务。

二 合作学习

双人小组学习，每个工位为一个小组，成员有操作员A和操作员B，A和B的分工主要以车内和车外、检查与辅助来确定，具体配合如下。

（1）准备工作：

A 负责安放车轮挡块，打开发动机舱盖，安放翼子板布和前格栅布，检查发动机舱内各工作液液面；

B 负责安装脚垫、座椅套、转向盘套，变速杆置于P位，拉起驻车制动器操纵杆，拉动发动机舱盖释放拉手，降下车窗玻璃和连接尾气抽排装置。

（2）检查空调制冷剂量和6S：

A 负责起动发动机，打开A/C开关，控制发动机转速，关闭空调，关闭点火开关，关闭车门，取下驾驶室内3件套，升起车窗玻璃，丢弃废弃物；

B 责检查制冷剂量，拆下翼子板布和前格栅布，盖上发动机舱盖，收起车轮挡块，收起尾气抽排装置，清洁。

 拓展学习

不同的车型，其检查空调的方法基本相同，只是结构位置稍有不同，以及其技术参数略有差异。维护时，请仔细查阅维修手册和相关技术资料。下面介绍雪佛兰科鲁兹SGM7166ATC汽车和大众波罗SVW7164BSD汽车与丰田卡罗拉汽车在空调方面的主要区别。

一 雪佛兰科鲁兹汽车

（1）A/C开关，鼓风机转速控制开关和温度调节开关。

（2）发动机转速2000r/min。

二 大众波罗汽车

（1）A/C开关，鼓风机转速控制开关和温度调节开关。

（2）发动机转速2000r/min。

 工作页

任务名称		检查空调		序号	2-18
班级		姓名		地点		日期	
任务要求	学习制冷系统知识，制订工作计划，实施检查和维护，从而学会检查汽车空调的制冷效果的方法					

一、收集信息

1. 汽车空调制冷系统的主要组成。

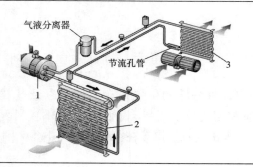

序 号	名 称
1	
2	
3	
4	节流装置
5	辅助控制元件
6	制冷剂
在图中标注高压管、低压管	

2. 汽车空调制冷循环。

组 成	作 用
压缩机	动力元件，压缩和输送制冷剂
制冷剂	工作介质，通过自身的相态变化来实现热交换
冷凝器	
蒸发器	

二、计划决策

成员分工	组号：＿＿＿＿，成员分工：＿＿＿＿＿＿＿＿＿＿＿＿＿＿
设备工具	卡罗拉汽车、举升机、工具车、车轮挡块、＿＿＿＿＿＿＿＿＿＿＿＿＿＿＿＿＿＿＿＿＿＿＿＿＿
制订计划	
准备工作	检查安全环保措施，熟悉布置工作场景

三、实施任务

1. 空调控制面板安置在仪表板中心，开关有：＿＿＿。

2. 检查制冷剂量的条件为 ＿＿＿。

3. 通过观察窗观察以下现象。

现 象	制 冷 剂 量
有气泡	
无气泡	
关闭空调，立即变清澈	
关闭空调，立即起泡，然后变清澈	

4. 检查制冷剂量时，为什么要装尾气抽排装置？

5. 填写作业单。

作 业 单

项 目	作业内容	作业要求	检查结果
准备工作	（1）降下车窗玻璃		□正　常 □不正常
	（2）打开发动机舱盖		□正　常 □不正常

项目二　实施汽车二级维护基本作业

项　目	作业内容	作业要求	检查结果
准备工作	（3）检查发动机舱各工作液液面		□正　常 □不正常
	（4）连接尾气抽排装置		□正　常 □不正常
检查空调制冷剂量	（1）起动发动机，打开车门		□正　常 □不正常
	（2）打开A/C开关		□正　常 □不正常
	（3）控制发动机转速		□正　常 □不正常
	（4）检查制冷剂量		□正　常 □不正常
	（5）关闭空调，关闭点火开关，关闭车门		□正　常 □不正常
6S	收起尾气抽排装置，进行清洁工作		□正　常 □不正常

四、检查质量
检查工作计划、记录内容，检查工位复位：_____
_____。

五、评价反思
在教师的指导下，反思自己的工作方式和工作成果。

评 价 表

能力目标	观 察 点	自　评	互　评	技术要求
基本职业能力	起动发动机，控制转速	□合　格 □不合格	□合　格 □不合格	车辆周围无障碍物，转速符合厂家规定
	检查制冷管路	□合　格 □不合格	□合　格 □不合格	制冷系统密封，无泄漏
	检查制冷剂量	□合　格 □不合格	□合　格 □不合格	制冷效果好，关闭空调，立即起泡，然后变清澈
	清洁、复位设备和工具等	□合　格 □不合格	□合　格 □不合格	6S要求
关键能力	正确查阅维修资料和学习材料	□合　格 □不合格	□合　格 □不合格	适应职业岗位
	合作默契，交流顺畅	□合　格 □不合格	□合　格 □不合格	
个人反思		完成任务的安全、质量、时间和6S要求，是否达到最佳水平，请自己思考并提出改进建议		
教师评价	教师签字： 日　　期：	成　　绩		
		□合　格　　□不合格		

项目三

实施汽车尾气检测作业

项目描述

实施汽车尾气检测作业，其目的是使尾气达到环保要求，限制和减少有害气体及颗粒物的排放，并能有效地提高汽车的动力性和燃油经济性。通过对汽车尾气有害成分的分析、尾气分析仪的认识和尾气检测流程的学习，学生可掌握汽车尾气检测技术，能够独立完成汽车尾气检测作业。

学习目标

（1）认识汽车尾气中有害的成分及其危害。
（2）熟悉汽车尾气检测标准。
（3）掌握汽车尾气检测作业中的技术要求。
（4）按国家标准完成汽车尾气检测作业流程。

学习任务

任务1　认识汽车尾气排放
任务2　检测汽车尾气

任务 1　认识汽车尾气排放

学　时

2学时

作业场景

（1）作业项目场景及尾气分析仪如图所示。

尾气检测作业场景

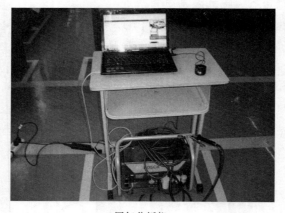

尾气分析仪

（2）实训设备和工具见表3-1。

实训设备和工具　　　　　　　　　　表3-1

序　号	名　　　称	型号或规格	数量/工位
1	博世尾气分析仪组件	BEA060	1套
2	单人桌	—	1张
3	拖把	—	1把
4	抹布	—	若干

  作业安全

（1）尾气分析仪、笔记本计算机放置在安全稳固的位置。
（2）作业过程中要及时清洁地面上的水，并保持空气通畅，确保操作安全。

  学习目标

（1）认识汽车尾气中的有害物质及其危害，了解其产生条件。
（2）执行点燃式发动机汽车排气污染物排放标准。
（3）了解尾气分析仪的结构。
（4）培养安全环保意识。

  任务实施

本任务学习汽车尾气中有害物质及其危害，学习尾气分析仪的结构。

按照国务院《打赢蓝天保卫战三年行动计划》，2019年7月1日起，重点区域、珠三角地区、成渝地区提前实施国六排放标准。国六标准排放控制水平相当于欧洲正在实施的第六阶段排放标准，对一氧化碳（CO）、碳氢化合物（HC）、氮氧化合物（NO_x）及固体悬浮颗粒物等机动车排放物的限制更为严苛。

　汽车尾气中的有害物质及其危害

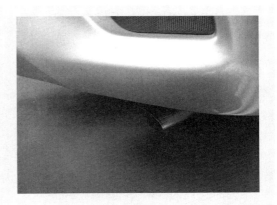

目前，汽车排放污染物已经成为大气的主要污染源之一。有效控制汽车排放，是改善大气环境的重要措施。

汽车排放的尾气中含有150~200种不同的化合物，其中危害最大的有一氧化碳（CO）、碳氢化合物（HC）、氮氧化合物（NO_x），固体悬浮颗粒物等也是危害性较大的成分。

（1）CO：燃油不完全燃烧的产物，是汽车尾气中浓度最高的有害气体。

危害：与血液中血红蛋白结合，造成人体缺氧，引发头痛、头晕、呕吐甚至死亡等。

（2）HC：在高温高压下燃油分解出来的产物。

危害1：HC浓度较高会使人出现头晕、恶心等症状。

危害2：HC和NO_x在强烈的阳光作用下会产生光化学烟雾，有强烈的刺激性。

（3）NO_x：N_2在高温高压富氧的条件下产生的。

危害：与血液中血红蛋白有很强的亲和力，会造成人体缺氧，引起头痛、呕吐、肺水肿、刺激眼睛和鼻黏膜等症状，严重时会造成人死亡。

（4）颗粒物PM：在最高温度为52℃的稀释排气中，由规定的滤纸上收集所有排气成分。

危害：含有大量的黑色炭颗粒和少量带臭味的乙醛，影响空气的能见度，能引起人恶心和头晕。

二 博世BEA060尾气分析仪组件的结构

博世BEA060尾气分析仪由主机、废气取样探测杆和计算机三个部分组成。

在进行尾气检测时，需在车间内安装专用通风设施，避免汽车尾气对人体产生伤害。

（1）主机。

搬运移动BEA060尾气分析仪时，如发生倾斜，可能导致冷凝水外流损坏测量盒。

①电源插头及电源线。

启用机器前需确认照明电路电压与BEA 060标称电压吻合。

电源插头及电源线

②面板。

1-粗滤器（GF2）；

2-粗滤器（GF3）；

3-活性炭罐过滤器；

4-USB插口；

5-油温传感器插口；

6-LED（发光二极管）；

7-开机按键；

8-弓形支架。

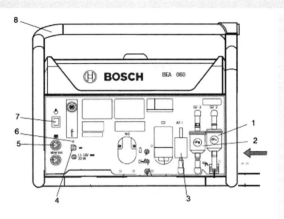

（3）计算机。

计算机中已安装BEA-AU-OBD系统测试软件。

 环保

损坏的计算机，不能随意丢弃，需由专业企业回收处理。

（2）废气取样探测杆。

废气取样探测杆

 实训安排

在了解了汽车尾气成分及尾气分析仪结构之后，进行尾气检测的准备工作。

（1）安全工作准备，主要包括：安装车轮挡块、拉起驻车制动器操纵杆等。

（2）车辆保护措施，包括：安装翼子板布、前格栅布、座椅套、转向盘套、脚垫等。

（3）填写尾气成分检测表。

拓展学习

不同型号的尾气分析仪,其检测尾气的功能相同,只是检测精度有一定程度的差异,且结构与博世BEA060尾气分析仪也有一些不同。下面以南华NHA-502尾气分析仪为例进行说明。

南华NHA-502尾气分析仪由主机和废气取样探测杆两部分组成。

(1)主机。

①显示器及五个功能键。

②电源开关及电源线。

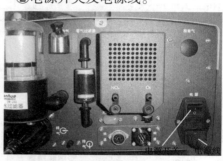

电源开关　电源线

(2)废气取样探测杆。

尾气取样探测杆

 工作页

任务名称	认识汽车尾气排放			序号	3-1
班级		姓名		地点		日期	
任务要求	学习汽车排放物知识,制订工作计划,实施认识和辨别,从而学会执行尾气排放标准的方法

一、收集信息

1.汽车尾气排放的主要污染物及其危害。

序号	主要污染物名称	产生原因	危害
1	CO		
2	HC		
3	NO_x		与血液中血红蛋白有很强的亲和力，造成人体缺氧，引起头痛、呕吐、肺水肿、刺激眼睛和鼻黏膜等症状，严重时会造成人死亡
4	固体颗粒物	燃油混合气中的杂质和燃油未完全燃烧的产物	

2. 博世BEA060尾气分析仪主机的结构。

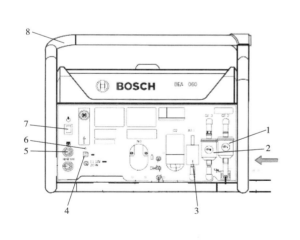

1	粗滤器（GF2）
2	
3	
4	
5	
6	
7	
8	弓形支架

二、计划决策

成员分工	组号：_____，成员分工：
设备工具	卡罗拉汽车、举升机、工具车、车轮挡块、_____
制订计划	
准备工作	检查安全环保措施，熟悉布置工作场景

三、实施任务

1. 国家第六阶段机动车污染物排放标准对点燃式发动机汽车排气污染物排放标准执行时间：_____。
2. 简述博世BEA060尾气分析仪的结构：_____。
3. 填写作业单。

作 业 单

项　目	作业内容	作业要求	检查结果
汽车尾气主要成分及其危害	（1）口述CO的产生原因和危害		□正　常 □不正常
	（2）口述HC的产生原因和危害		□正　常 □不正常
	（3）口述NO_x的产生原因和危害		□正　常 □不正常
	（4）口述固体颗粒物的产生原因和危害		□正　常 □不正常
博世BEA060尾气分析仪组件的结构	（1）辨别主机面板		□正　常 □不正常
	（2）认识废气取样探测杆		□正　常 □不正常

四、检查质量

检查工作计划、记录内容，检查工位复位：_____
_____。

五、评价反思

在教师的指导下，反思自己的工作方式和工作成果。

评 价 表

能力目标	观 察 点	自　评	互　评	技术要求
基本职业能力	汽车排放主要污染物的产生原因和危害	□合　格 □不合格	□合　格 □不合格	能说出汽车排放主要污染物的名称、产生原因和危害
	博世BEA060尾气分析仪组件的结构	□合　格 □不合格	□合　格 □不合格	认识博世BEA060尾气分析仪各组件的名称
	清洁、复位设备和工具等	□合　格 □不合格	□合　格 □不合格	6S要求
关键能力	正确查阅维修资料和学习材料	□合　格 □不合格	□合　格 □不合格	适应职业岗位
	合作默契，交流顺畅	□合　格 □不合格	□合　格 □不合格	
个人反思		完成任务的安全、质量、时间和6S要求，是否达到最佳水平，请自己思考并提出改进建议		
教师评价	教师签字： 日　　期：	成　　绩		
		□合　格　　□不合格		

任务 2 检测汽车尾气

学 时

4学时

作业场景

（1）作业项目场景如图所示。

检测尾气场景

（2）实训设备和工具见表3-2。

实训设备和工具　　　　　　　　　　表3-2

序号	名　称	型号或规格	数量/工位
1	卡罗拉轿车	GL 1.6AT	1辆
2	博世尾气分析仪组件	BEA060	1套
3	座椅套、转向盘套、脚垫	—	1套
4	尾气抽排系统	—	1套
5	车轮挡块	—	4块
6	单人桌	—	1张
7	拖把	—	1把
8	抹布	—	若干

作业安全

（1）保证车辆安全起动。
（2）作业过程中要及时清洁地面上的水，并保持空气通畅，确保操作安全。

 学习目标

（1）遵守尾气分析仪操作要求。
（2）执行尾气检测操作流程。
（3）培养良好的操作习惯和6S意识。

 任务实施

本任务学习使用尾气分析仪检测汽车尾气的方法，判断汽车怠速工况排气污染物排放值是否合格。

 准备工作

（1）放置车轮挡块。

（2）安放座椅套、转向盘套和脚垫。

 环保

使用完毕的座椅套、转向盘套和脚垫需按规定分类丢弃。

（3）变速器操纵杆置于P位，拉起驻车制动器操纵杆。

（4）起动发动机，保持怠速状态，暖机直至发动机冷却液温度达到80℃左右。然后关闭发动机。

二 BEA060尾气分析仪开机

（1）连接BEA060尾气分析仪电源线至外部供电电源。

（2）按下尾气分析仪面板上的电源开关键，启动设备硬件。

不得将尾气分析仪置于潮湿环境下使用。

（3）观察设备电源指示灯，若状态为橙色和绿色之间1s交替闪烁，则为正常。

若电源指示灯不点亮，则说明BEA060供电有问题；如果指示灯闪烁状态异常，则为设备硬件发生了故障。

损坏的尾气分析仪传感器，需按废弃物处理规定，收集并妥善处理。

三 启动测试程序软件

（1）点击计算机桌面上的Bosch-Emision-Analysis图标，启动尾气排放分析仪测试软件。

操作计算机时需保持手部干燥。

（2）在测试程序的启动初始界面，点击功能键F5[诊断测试]，测试程序进入诊断测试界面。

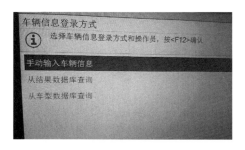

（3）在诊断测试界面，点击F12（此时测试程序默认为：发动机和尾气数据采集测试项）。

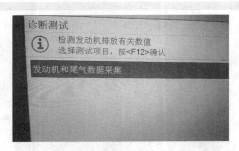

（4）测试程序进入"零点校准"及"HC残留测试"阶段，待设备完成自检测过程，计算机屏幕上会出现测试参数数值（如：氧气值的显示）。

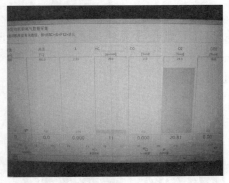

四 测量并记录数据

（1）车辆暖机后，保持怠速运转，将尾气分析仪的取样探测杆插入车辆的排气管中（深度不小于400mm），进行尾气检测。

 安全

尾气对人体的危害较大，要注意场地通风换气。

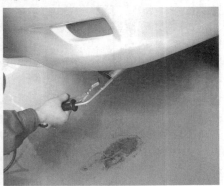

（2）按下尾气分析仪的测量键，当计算机屏幕上的CO_2数值大于6%后，开始记录CO、HC、CO_2、O_2、λ数值（分别记录它们的最高值和最低值，并取平均值）。

（3）判断检测结果是否合格。若CO检测值小于或等于0.5%，则CO含量合格，否则不合格；HC检测值小于或等于100×10^{-6}，则HC含量合格，否则不合格。

三、尾气排放测量（怠速）记录表

项目		CO（%）	HC（10^{-6}）	过量空气系数（λ）	CO_2（%）	O_2（%）
测量值	最高					
	最低					
	平均					
判定结果		□合格 □不合格	□合格 □不合格	□合格 □不合格	—	—
		□合格 □不合格				

注：1. 以勾选方程的形式表示判定结果。
2. GB 18285—2005《点燃式发动机汽车排气污染物排放限值及测量方法（双怠速法及简易工况法）》采用双怠速法测量的第一类轻型汽车，其排气污染物排放限值要求：怠速工况，CO≤0.5%，HC≤100×10^{-6}为合格。

五 退出测试程序软件

（1）点击软件ESC键（退出）及F4键（确认），退出测试程序。

（2）将取样探测杆从汽车排气管

中取出并回收至尾气分析仪弓形支架上。

 安全

取样管中有多个精密传感器，要轻拿轻放，以免损坏传感器。

（2）关闭电源后，电源指示灯熄灭。

 关闭测试设备

（1）待BEA060尾气分析仪的抽气泵停止工作后，按住电源开关键3s，即可关闭尾气分析仪的电源。

 6S

清洁取样探测杆的抹布，黏附有污染，应按规定作为废弃物处理。

 实训安排

本作业适合单人作业，学生可按照上述操作步骤独立完成。

 拓展学习

使用不同的尾气分析仪检测汽车尾气，其步骤基本相同。下面以南华NHA-502尾气分析仪为例进行说明。

一 南华NHA-502尾气分析仪开机准备

（1）按下分析仪背面的电源开关键，启动尾气分析仪。

项目三 实施汽车尾气检测作业

233

（2）尾气分析仪进入"预热"程序，并进行600s倒计时。

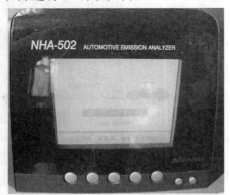

（3）预热结束后，系统将进入"检漏"程序。

①系统提示"将密封套堵住探头"，将密封套安装在尾气检测探测杆前端。

②根据提示，按下5个功能键中的任一键。

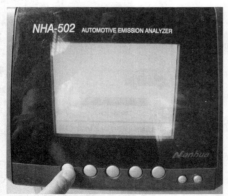

③系统进入检漏程序，检漏合格，将显示"OK"字样。

（4）检漏合格后，系统将自动进入HC残留物检测。

（5）若HC残留物检查合格，尾气分析仪将进入检测程序。

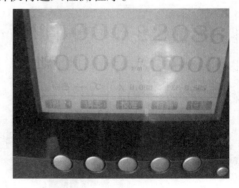

二 检测汽车尾气（怠速检测）

（1）按下"测量"键（"测量"字样下方的按键），进行尾气检测。

（2）将取样探测杆插入车辆的排气管中（深度大于400mm），进行尾气检测。

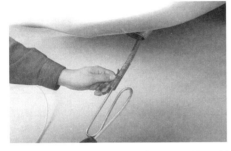

（3）观察尾气分析仪显示器上的数据变化。

（2）从排气管中取出尾气取样探测杆，并放至指定位置。

（3）关闭尾气分析仪。

（4）待显示器上的数据趋于稳定后，抄写各有害气体成分的数值，并判断各成分的含量是否合格。

三 退出检测程序

（1）按下"退出"键，退出检测程序。

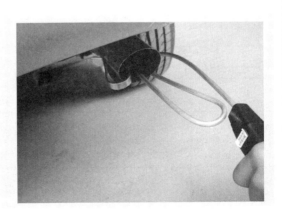

工作页

任务名称		检测汽车尾气		序号	3-2
班级		姓名	地点	日期	
任务要求		学习汽车尾气检测的知识，制订工作计划，实施检测和判断，从而学会使用尾气分析仪检测尾气的方法			

一、收集信息

1. 过量空气系数（λ）表示：燃烧1kg燃料的实际空气量与_____的质量比。
2. Ⅵ型试验的排放限值。

车辆类型		测试质量（TM）/kg	CO/(g/km)	THC/(g/km)	NO_x/(g/km)
第一类车	—	全部	10.0	1.20	
第二类车	Ⅰ	TM≤1305			
	Ⅱ	1305<TM≤1760			
	Ⅲ	TM>1760	20.0		0.80

3. 南华NHA-502尾气分析仪的组成。

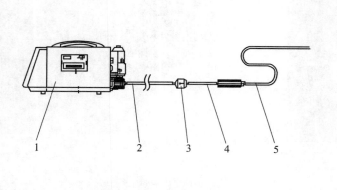

序号	名称
1	
2	取样管
3	
4	短导管
5	

二、计划决策

成员分工	组号：_____，成员分工：
设备工具	卡罗拉汽车、举升机、工具车、车轮挡块、
制订计划	
准备工作	检查安全环保措施，熟悉布置工作场景

三、实施任务

1. 检测时，应保证被检测车辆处于制造厂规定的正常状态，发动机进气系统应装有_____，排气系统应装有_____，并不得有泄漏。

2. 根据图示，填写正在进行的操作。

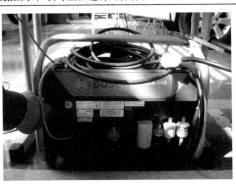

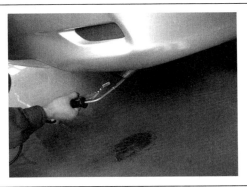

取样探测杆应能插入被检测车辆排气管至少_____mm，并有_____装置

3. 填写作业单。

作 业 单

项 目	作业内容	作业要求	检查结果	测量值
准备工作	（1）放置车轮挡块		□正　常 □不正常	—
	（2）安放座椅套、转向盘套和脚垫		□正　常 □不正常	—
	（3）变速杆置于P位，拉起驻车制动器操纵杆		□正　常 □不正常	—
	（4）起动发动机暖机		□正　常 □不正常	—
博世BEA060尾气分析仪开机	（1）连接电源线，起动设备		□正　常 □不正常	—
	（2）观察设备电源指示灯状态		□正　常 □不正常	—

项目三 实施汽车尾气检测作业

项 目	作业内容	作业要求	检查结果	测量值
启动测试程序软件	（1）启动排放分析仪测试软件		□正　常 □不正常	—
	（2）进入诊断测试界面		□正　常 □不正常	—
	（3）进入"零点校准"及"HC残余测试"		□正　常 □不正常	—
测量并记录数据	（1）暖机，插入取样探测杆		□正　常 □不正常	
	（2）测量、记录测量数据并判断CO（％）和HC（10^{-6}）测量值		□正　常 □不正常	
退出测试程序软件	（1）退出计算机排放测试程序		□正　常 □不正常	—
	（2）回收尾气分析仪取样杆		□正　常 □不正常	
关闭BEA060尾气分析仪	—		□正　常 □不正常	

四、检查质量

检查工作计划、记录内容，检查工位复位：_____。

五、评价反思

在教师的指导下，反思自己的工作方式和工作成果。

评　价　表

能力目标	观　察　点	自　评	互　评	技术要求
基本职业能力	插入取样探测杆	□合　格 □不合格	□合　格 □不合格	取样管探测杆插入深度不小于400mm
	观察设备电源指示灯状态	□合　格 □不合格	□合　格 □不合格	橙色和绿色之间1s交替闪烁
	关闭尾气分析仪	□合　格 □不合格	□合　格 □不合格	待BEA060的抽气泵停止工作后，按住电源开关键3s
	清洁、复位设备和工具等	□合　格 □不合格	□合　格 □不合格	6S要求
关键能力	正确查阅维修资料和学习材料	□合　格 □不合格	□合　格 □不合格	适应职业岗位
	合作默契，交流顺畅	□合　格 □不合格	□合　格 □不合格	
个人反思		完成任务的安全、质量、时间和6S要求，是否达到最佳水平，请自己思考并提出改进建议		
教师评价	教师签字： 日　　期：	成　　绩		
		□合　格　　□不合格		

参 考 文 献

[1] 交通部公路司.《汽车维护、检测、诊断技术规范》宣贯教材[M].长春:吉林科学技术出版社,2002.

[2] 中国汽车维修行业协会.职业道德和法律法规(模块A)[M].北京:人民交通出版社,2008.

[3] 丰田公司.汽车维修教程第一级(下)汽车维护操作[M].北京:高等教育出版社,2006.

[4] 李东江.汽车二级维护[M].南京:江苏教育出版社,2009.

[5] 庞柳军.汽车制动系统维修工作页[M].2版.北京:人民交通出版社,2013.

[6] 谢越.实施汽车离合器和手动变速器维修[M].北京:机械工业出版社,2010.

[7] 项金林.汽车维护[M].北京:中国社会劳动保障出版社,2006.

[8] 谢柏南,李桂花.汽车维护与保养[M].广州:华南理工大学出版社,2010.

[9] 中华人民共和国国家标准.GB/T 18344—2016 汽车维护、检测、诊断技术规范.北京:中华人民共和国国家质量监督检验检疫总局,2016.

[10] 中华人民共和国国家标准.GB 18352.6—2016 轻型汽车污染物排放限值及测量方法(中国第六阶段).北京:环境保护部,2016.